安徽省文化强省建设专项资金项目
安徽省"十二五"重点出版物出版规划项目

漫画版中国传统社会生活

庄华峰 主编

礼俗风尚

文明的光辉

马晓琼 著

中国科学技术大学出版社

内容简介

人类在日常的生活、生产、社会交往等各种活动中都要遵循一定的社会规则和道德规范，这些社会规则和道德规范以一定的礼节和形式表现出来，逐渐形成了人们普遍认可并依照实行的传统礼俗。中国的传统礼俗产生于独特的自然环境和文化环境之中，与中华民族的生活方式息息相关。

中国的传统礼俗旨在规范和协调人们之间的关系，是人们感情沟通的纽带，又是彼此认同的标志，体现了先人对社会和谐的追求和对美好生活的期待。本书从生育礼俗、成年礼俗、婚姻礼俗、日常礼俗、社交礼俗、敬老礼俗、丧葬礼俗、祭祀礼俗等方面入手，从不同的视角展现礼俗在人类社会生活中的作用与意义，同时阐述每一种礼俗特定的文化传承。通过对丰富多彩的中国传统礼俗的演绎，使读者对传统社会婚丧嫁娶、衣食住行、社会交往等生活中无处不在的礼俗有所了解，从而提高人文素养，倡导进步礼俗，弘扬精神文明。

图书在版编目(CIP)数据

礼俗风尚：文明的光辉/马晓琼著.—合肥：中国科学技术大学出版社，2020.5

(漫画版中国传统社会生活/庄华峰主编)

安徽省文化强省建设专项资金项目

安徽省"十二五"重点出版物出版规划项目

ISBN 978-7-312-04376-5

Ⅰ.礼… Ⅱ.马… Ⅲ.礼仪—风俗习惯—中国—通俗读物 Ⅳ.K892.26-49

中国版本图书馆CIP数据核字(2018)第055587号

出版	中国科学技术大学出版社 安徽省合肥市金寨路96号，230026 http://press.ustc.edu.cn https://zgkxjsdxcbs.tmall.com
印刷	合肥市宏基印刷有限公司
发行	中国科学技术大学出版社
经销	全国新华书店
开本	880 mm × 1230 mm 1/32
印张	6.125
字数	138千
版次	2020年5月第1版
印次	2020年5月第1次印刷
定价	40.00元

总序

中国是世界文明古国之一,在漫长的历史岁月中,她曾经创造出举世闻名的政治、经济、文化、科技文明成果。这些物质文明与精神文明的优秀成果,既是中国古代各族人民在长期生产活动实践和社会生活活动中所形成的诸多智慧创造与技术应用的结晶;同时,这些成果的推广与普及,又作用于人们的日常生产与生活,使之更加丰富多彩,更具科技、文化、艺术的魅力。

中国古代社会生活,不仅内容宏富,绚丽多姿,而且源远流长,传承有序。作为一门学科,中国社会生活史是以中国历史流程中带有宽泛内约意义的社会生活运作事象作为研究内容的,它是历史学的一个重要分支,有助于人们更全面、更形象地认识历史原貌。关于生活史在历史学中的地位,英国著名历史学家哈罗德·铂金曾如是说:"灰姑娘变成了一位公主,即使政治史和经济史不允许她取得独立地位,她也算得上是历史研究中的皇后。"(蔡少卿《再现过去:社会史的理论视野》)

然而这位"皇后"在中国却历尽坎坷,步履维艰。她或为其他学科的绿荫所遮盖,或为时代风暴扬起的尘沙所掩蔽,使得中国社会生活史没有坚实的理论基础,也没有必要的历史资料,对其的整体性研究尤其薄弱,甚至今日提到"生活史"这个词,许多人仍不乏茫然之感。

礼俗风尚——文明的光辉

　　社会生活史作为历史学的一个分支在中国兴起，虽只是20世纪20年代以来的事，但其萌芽却可追溯至古代。中国古代史学家治史，都十分注意搜集、整理有关社会生活方面的史料。如孔子辑集的《诗经》，采诗以观民风，凡邑聚分布迁移、氏族家族组织、衣食住行、劳动场景、男女恋情婚媾、风尚礼俗等，均有披露。《十三经》中的《礼记》《仪礼》，对古代社会的宗法制、庙制、丧葬制、婚媾、人际交往、穿着时尚、生儿育女、敬老养老、起居仪节等社会生活资料，做了繁缛纳范，可谓是一本贵族立身处世的生活手册。司马迁在《史记·货殖列传》中描述了全国20多个地区的风土人情：临淄地区，"其俗宽缓阔达，而足智。好议论，地重，难动摇，怯于众斗，勇于持刺，故多劫人者"；长安地区，"四方辐辏并至而会，地小人众，故其民益玩巧而事末也"。他并非仅仅罗列现象，还力图作出自认为言之成理的说明。如他在解释代北民情为何"慓悍"时说，这里"迫近北夷，师旅亟往，中国委输时有奇羡。其民羯羠不均"。而齐地人民"地重，难动摇"的原因在于这里的自然环境和生产状况是"宜桑麻"耕种。这些出自古人有意无意拾掇下的社会生活史素材，对揭示丰富多彩的历史演进中的外在表象和内在规律，无疑具有积极意义，将其视作有关社会生活研究的有机部分，似也未尝不可。

　　社会生活史作为一门学科，则是伴随着20世纪初社会学的兴起而出现于西方的。开风气之先的是法国的"年鉴学派"。他们主张从人们的日常生活出发，追踪一个社会物质文明的发展过程，进而分析社会的经济生活和结构以及全部社会的精神状态。"年鉴学派"的代表人物雅克·勒维尔在《法国史》一书中指出：重要的社会制度的演变、改革以及革命等历史内容虽然重要，但是，"法国历史从此以后也是耕地形式和家庭结构的历史，食品的历史，梦想和爱情方式的历史"。史学家布罗代尔在其《15至18世纪的物质文明、经济和资本主义》一书中，将第一卷命名为"日常生活的结构"，叙述了15至18世纪世界人口的分布和生长规律，各地居民的日常起居、食品结构以及服饰、技术的发展和货币状况，表明他对社会生活是高度关注的。而历史学家米什列在《法兰西史》一书的序言中则直接对以往历史学的缺陷进行了抨击：第一，在物质方面，它只看到人的出身和地位，看不到地理、气候、食物等因素对人的影响；第二，在精神方面，它只谈君主和政治行为，而忽视了观念、习俗以及民族灵魂的内在作用。"年鉴学派"主张把新的观念和方法引入历史研究领域，其理论不仅震撼了法国史学界，而且深刻影响了整个现代西方史学的发展。

在20世纪初"西学东渐"的大潮中，社会生活史研究与方法也被介绍到中国，并迅速蔚成风气，首先呼吁重视社会生活史研究的是梁启超。他在《中国史叙论》中激烈地抨击旧史"不过记述一二有权力者兴亡隆替之事，虽名为史，实不过是帝王家谱"，指出："匹夫匹妇"的"日用饮食之活动"，对"一社会、一时代之共同心理、共同习惯"的形成，极具重要意义。为此，他在拟订中国史提纲时，专门列入了"衣食住等状况""货币使用、所有权之保护、救济政策之实施"以及"人口增殖迁转之状况"（梁启超《饮冰室合集·文集》）等社会生活内容，从而开启了中国社会生活史研究的新局面。

在20世纪二三十年代，我国史学界的诸多研究者都涉足了中国社会生活史研究领域，分别从社会学、民族学、民俗学、历史学、文化学的角度，对古代社会各阶层人们的物质、精神、

民俗、生产、科技、风尚生活的状况进行探究,并取得了丰硕的成果。但这一研究的真正全面展开,却是20世纪80年代以来的事情。在此时期,社会生活史研究这位"皇后"在经历了时代的风风雨雨之后,终于走出"冷宫",重见天日,成为史苑里的一株奇葩,成为近年来中国史学研究繁荣的显著标志。社会生活史研究的复兴,反映了史学思想的巨大变革:一方面,它体现了人的价值日益受到了重视,把"自上而下"看历史变为"自下而上"看历史,这是一种全新的历史观。另一方面,它表明人类文化,不仅是思想的精彩绝伦和文物制度的美好绝妙,而且深深地植根于社会生活之中。如果没有社会生活这片"沃土"的浸润,人类文化将失去生命力。

尽管近年来中国社会生活史的研究取得了长足的发展,但与政治史、制度史、经济史等研究领域相比,其研究还是相对薄弱的。个中原因可能是多方面的,但与人们的治史理念不无关系。

我们一直认为,史学研究应当坚持"三个面向",即面向大众、面向生活、面向社会。"面向大众"就是"眼睛向下看",去关注社会下层的人与事;"面向生活"就是走近社会大众的生活状态,包括生活习惯、社会心理、风俗民情、经济生活等等;"面向社会"则是强调治史者要有现实关怀,史学研究要为经济社会发展提供智力支持。而近年来我总感到,当下的史学研究有时有点像得了"自闭症",常常孤芳自赏,将自己封闭在学术的象牙塔里,抱着"精英阶层"的傲慢,进行着所谓"纯学理性"探究,责难非专业人士对知识的缺失。在这里,我并非否定进行学术性探究的必要性,毕竟探求历史的本真是史学研究的第一要务,而且探求历史的真相,就如同计算圆周率,永无穷期。但是,如果我们的史学研究不能够启迪当世、昭示未来,不能够通过对历史的讲述去构建一种对国家的认同,史学作品不能够成为启迪读者的向导,相反却自顾自地远离公众领域,远离社会大众,使历史成为纯粹精英的历史,成为干瘪的没血没肉的历史,成为冷冰冰的没有温情的历史,自然也就成了人们不愿接近的历史,这样的学术研究还会有生机吗?因此,我觉得我们的史学研究要转向(当然这方面已有许多学者做得很好了),治史者要有人文情怀,要着力打捞下层的历史,多写一些雅俗共赏、有亲和力的著作。总之一句话,我们的史学研究要"接地气",这样,我们的研究工作才有意义。

2017年1月,中共中央办公厅、国务院办公厅印发的《关于实施中华优秀传统文化传承发展工程的意见》指出:"文化是民族的血脉,是人民的精神家园。文化自信是更基本、更深层、更持久的力量。"中华民族优秀传统文化中独特的理念、智慧、气度、神韵,增添了中国人民和中华民族内心深处的自信和自豪。那么,我们坚持"文化自信"的底气在哪里?我想,博大精深的优秀传统文化以及在其基础上的继承和发展,夯实了我们进行文化建设的根基,奠定了我们文化自信的强大底气。正是基于这样的思考,我们编写了"漫画版中国传统社会生活"丛书。

我们编写这套丛书,就是想重拾远逝的文化记忆,呼唤人们对传统社会生活的关注。丛书内容分别涉及饮食、服饰、居住、节庆、礼俗、娱乐等方面。这些生活事象,看似细碎、平凡,却蕴含着丰富的文化和智慧,而且通过世代相传,已渗透到中国人的意识深处。

这是一套雅俗共赏的读物。作者在尊重历史事实,保证

科学性、学术性的前提下，用准确简洁、引人入胜的文字并与漫画相结合的艺术手法，把色彩缤纷的社会生活花絮与历史长河中波涛起伏的洪流结合在一起描述，让广大读者通过生动活泼的形式，了解先民生活的方方面面，进而加深对中华民族和中国人的了解。这种了解，是我们创造未来的资源和力量，也是我们坚持文化自信的根基。

庄华峰

2019年10月12日

于江城怡墨斋

目录

总序　i

一 生育礼俗：期盼与祝福　001

求子 ··· 002
　　皇家求子祀高禖 / 003　　百姓求子拜观音 / 006
　　麒麟送子传到今 / 009　　求子习俗代代新 / 011
报喜 ··· 014
　　生男生女喜不同 / 014　　汤饼、米面贺新生 / 016
满月 ··· 019
百日 ··· 022
抓周 ··· 024

二 成年礼俗：责任与担当　029

冠礼 ··· 030
　　礼前准备，筮日筮宾 / 031　　三加弥尊，加有成也 / 031
　　礼成之后，拜见尊长 / 034　　加冠之礼，世代传承 / 036
笄礼 ··· 038
成年礼的当代意义 ·· 041

三 婚姻礼俗：联结与繁衍　043

六礼古习 ··· 044
　　媒妁之言，六礼必备 / 044　　婚姻六礼，世代变迁 / 047
正婚礼 ··· 051
　　铺房求全福 / 051　　祈福撒谷豆 / 053
　　新人齐拜堂 / 054　　撒帐为求子 / 056
　　合卺同心酒 / 057　　喜宴待贵宾 / 059
　　闹房谑新郎 / 060
婚后礼 ··· 062
传统婚俗的现代启示 ·· 063

四 日常礼俗：优雅与从容　065

坐卧起居 ··· 066
　　坐姿仪态 / 066　　座次秩序 / 069　　行走仪态 / 070
饮食成礼 ··· 072
君子正衣冠 ··· 077

五 社交礼俗：谦卑与高尚　083

言辞谈吐 ··· 084
称谓避讳 ··· 086
　　姓名字号 / 086　　谦称与敬称 / 089　　避讳 / 092
相见之礼 ··· 097
　　跪拜礼 / 097　　相见礼 / 103
待客之礼 ··· 105

送礼与名帖 ·· 109
结拜与连宗 ·· 112

六 敬老礼俗：尊重与爱怜　117

乡饮酒礼 ·· 118
刑罚优免 ·· 122
三老五更礼 ·· 126
生日与祝寿 ·· 129

七 丧葬礼俗：告慰与缅怀　135

葬俗 ·· 136
　　邻有丧，舂不相 / 136　　厚薄葬，争不休 / 137
　　安葬法，千百样 / 139
葬仪 ·· 144
丧服与居丧 ·· 148
　　丧礼五服 / 148　　丧礼史迹 / 152
掩骼埋胔 ·· 155
义丧义葬 ·· 157

八 祭祀礼俗：敬畏与祈福　159

祭天 ·· 160
封禅郊祀 ·· 163
社稷祭 ·· 166
宗庙祭 ·· 168

祓禊祭 …………………………………………171

腊祭 ……………………………………………173

祭灶 ……………………………………………174

祭祀的社会意义 ………………………………178

参考文献　182

后记　183

 生育礼俗：
期盼与祝福

  中国自古以来就被称为礼仪之邦,完备的礼俗自始至终存在于每个人的生命历程中。在妊娠、诞生、满月、百日、周岁等新生时期的每一个重要日子,人们总是想方设法举办各种活动祈求保佑,希望能够添丁进口、祈求母子平安、保佑婴儿健康成长。这些生育礼俗寄寓了人们对于新生命的美好祝福和期盼,蕴涵着丰富的社会文化内涵。

  传统礼俗在从一代人传到下一代人的过程中不可能不发生变化,生育礼俗亦是。今天,人类的生育环境同过去相比已经发生了根本性的变化,很多旧的习俗已经不复存在,但是传统生育礼俗中蕴涵的对新生命顺利诞生的期盼、对新生命健康成长的祝福却始终未变,世世代代散发着光芒。

求　　子

　　人类社会形成以来，先祖们为了种族的延续，极力繁衍后代。远古时期，生存环境恶劣，物质条件匮乏，科学技术不发达，加之疾病、灾荒、饥饿和战争的影响，人类的生存和繁衍都面临极大的挑战。随着人类改造世界能力的不断提高，生存环境也逐渐改善，但人的平均寿命仍不高。为了种族生生不息，家族血脉不断延续，早生早育、多生多育必然成为先人们的最佳选择。

　　新婚是孕育新生命的开始，所以民间在婚姻缔结之初就寄寓了生子的期待。古代男女婚配前要请算命先生看双方的八字和属相，最重要的一点莫过于占算能否生子。婚嫁时，也会举行各种"求子"的仪式。如清代光绪年间《惠州府志·婚礼》中所记，广东惠州地区"妇至门必于亲好中取福寿兼全者扶之"，"福寿兼全者"就是所谓的多子多福的长者。其寓意是十分明确的，"福寿兼全者扶之"，就是希望新人能沾沾其福气，同样多子多福。此外，民间婚礼中的撒帐、铺床等习俗也是一种求子方式。各种各样的求子习俗构成了民间生育习俗的重要内容，至今不少地区仍有在婚嫁时会请家庭完满、儿女双全的中老年女性缝制喜被、给新娘梳头的习俗。

　　婚后，双方父母最关心的就是女儿或儿媳何时"有喜"，即怀孕，这是顺利生育的第一个先兆。孕前，民俗中的求子习俗种类繁多,形式多样,如不同地区会拜泰山娘娘、临水夫人以及送子观音等。一旦确定怀孕,无论是孕妇的父母、公婆、丈夫还是其他人,都会喜上眉梢。中国人历来都认为"不孝有三,无后为大",怀孕之所以称为有喜,正是与这种观念有关。有了身孕,就意味着后世有人,可以传宗接代了,为早日达成愿望,古代中国的皇室和民间纷纷采用不同的方式求子。

新婚求子礼俗

皇家求子祀高禖

早在母系社会时期,人们知母不知父,以为女性怀孕生产是有感而生的,如与神灵交合,或吞入某物,或感受到天象等

其他神秘的感应才会有孕。《诗经》中有"天命玄鸟,降而生商",认为商的始祖契,是他母亲简狄吞了燕卵怀孕而生的。与商相似,周的始祖弃,传说是他母亲姜嫄踩到了巨人的足印有感而孕,生下了弃。

简狄

周代已经形成了祈生求子的风俗——祀高禖("禖"通"媒"),认为男女的结合甚至生育都必须要有媒介。《吕氏春秋·仲春纪》记载:"是月也,玄鸟至。至之日,以太牢祀于高禖。天子亲往,后妃率九嫔御,乃礼天子所御,带以弓韣,授以弓矢于高禖之前。"当时的天子、后妃在二月玄鸟到来之时,都要用太牢(牛、羊、豕三牲)祭祀高禖神,同时献上弓矢,用来祈求生育男孩。祀高禖在随后历朝历代的皇室之中一直流传盛行,被当作祈生皇子的重要仪式,毕竟皇子的诞生直接关系到政权的延续和稳定。

到了秦汉时期,更加重视血脉的传承与延续,高禖神便有了祠宇和台坛。元朔元年春,卫子夫为汉武帝刘彻诞下第一位皇子,武帝除命枚皋及东方朔做赋《皇太子生赋》及《立皇子禖祝》外,仲春二月,还修建高禖神之祠,以祭拜。后汉延续,《后汉书·礼仪志》记载:"仲春之月,立高禖祠于城南,祀以特牲。"魏明帝青龙年间,建造高禖坛,上面立石为神座。北齐建造高禖坛于南郊旁,有二十六尺宽、九尺高,有四层台阶,已具有相当规模。这个时期对于高禖神的祭祀按照周代的仪式来进行。

《通典·礼十五》中有"大唐月令,亦以仲春玄鸟至之日,以太牢祀于高禖,天子亲往"的记载,说的是春天来临的时候,玄鸟出现之日,要以三牲去祭祀高禖。这说明唐代同样有祭祀高禖以求子的习俗。宋代皇室比前朝更加热衷于祭祀高禖。据《宋史》等史料记载,宋仁宗就曾用隆重的祀典祭祀过七次。这时新定的神位逐渐提高,开始是祀青帝,以伏羲、帝喾配享,高禖为从祀,牲用太牢,又用升歌的音乐。祭祀前皇后要先在别殿斋戒,祭礼依照周制,外加祭后的饮福一节。宋神宗、哲宗、徽宗也都曾祭祀过高禖。徽宗时,加进了简狄、姜嫄为配祀,因这两位女祖与高禖神有渊源,故以其配祀自有道理。到了南宋,虽然国家风雨飘摇,但宋高宗仍坚持祭祀高禖,并且还采用了新立的仪式,例如行三献礼等,因为他认为虽然当时国家变故,礼文难备,但是祈生皇子是国家大事,万方心愿,不可缺失,这也充分体现了历来皇家祭祀高禖的心态。

辽和元不见祀高禖的记载。金在章宗朝曾三次祭祀高禖,礼制比宋更隆重。金建的祭高禖的坛和祭天的圜丘东西相望,以伏羲、女娲配享,在坛的第二层上建简狄、姜嫄的神

位,祭品增加了玉、币,而祭牲只用少牢(祭品中只有羊和豕,没有牛),也行三献礼。如果生了皇子,还要进行报祀,回报高禖神的庇佑。

高禖

祭祀高禖,在明朝嘉靖九年(1530年)还定过一次仪式:建立木台,皇天上帝为正位,高禖位于台下,以先皇帝配祀,这是一个"变异";皇帝和皇后要同时去祭祀高禖,祭品用骍犊和苍璧,即红色的小牛犊和青色的玉璧,这也和从前不同,但献弓矢则与周礼相同。在嘉靖十一年(1532年)又举行过一次祀高禖,据说这是最后一次高禖之祭。

百姓求子拜观音

与皇家推崇祭祀高禖以祈求生子的礼俗不同,唐宋以后,民间在祈子习俗上更普遍的是拜观音。观音送子的传说从南北朝时期开始逐渐流传开来。早期翻译的关于观音的佛经《妙法莲华经》中,就有称诚心礼拜供养能"求男得智慧之男,求女得瑞相之女"的说法。即如果妇女想生男孩,只要礼拜供养观世音菩萨,便能生下有福智慧的男婴;如果想求女孩,同样能生下相貌端正的女婴。观音在其救苦救难的大慈悲下,对生育竟然也是如此有求必应,于是,观音送子的观念开始家喻户晓,迅速成为民间求子的对象。

《冥祥记》记载,南北朝时期在四川益州有位名为孙道德的官员。他信奉道教,年过五十还没儿子,有僧人告诉他如果想求子的话,就要真心实意地诵读《观世音经》。于是他便放弃了信奉道教,转信佛教,每天诵读《观世音经》,没过多久,便梦到自己喜得贵子,而自己的夫人果然不久便怀上了男孩。同书亦记载,居士卞悦之年过五十未有子息,又娶了小妾,过了很久仍未有孕,后祈福求子,发现诵经千遍,妾便有孕,生子。

唐宋以降,开始大量出现祈求观音送子而得灵验的故事。据南宋洪迈编撰的《夷坚志》记载,许洄的妻子孙氏在分娩时难产,情形危急,他便默祷观世音,恍惚间见到一位白髦妇抱着金色木龙交给他,孙氏很快顺利生下了男孩。这说明了此时送子观音的信仰在民间已比较流行。人们向观音求子的形式更加多种多样。有供奉观音像而得的,如《观音慈林集》记载,何隆五十岁时依旧无嗣,于是奉千手千眼大悲像,朝夕虔诚礼拜,后来梦见观音大士送来子嗣,果然连生三子。有供奉灯油钱以求子的,据阮元《两浙金石志》记载,宋代就有"弟子庄宁妻吴氏百六娘共施净财三十六贯文,就东谷庵烛长明

无尽灯一碗,供养观音菩萨功德祝献自身行年本命元辰乞求花男子,早遂心愿"。礼敬、诵经都是当时较为常见的求子行为。

观音送子

在这些灵验故事的宣传之下,人们对于送子观音的崇拜就更为虔诚了,千百年来在我国各地形成了各种不同的风俗习惯。比如,有为求子而拜观音为干娘的,顾禄《清嘉录》卷二记载:"二月十九日为观音诞辰,士女骈集殿庭炷香,或施佛前长明灯油,以保安康,或供长幡,云:'求子得子,即生小儿,则于观音座下皈依寄名,可保长寿。'未育向观音求子,得子后向观音寄名,保佑子女健康成长。"

还有偷观音身边的物品以求子的,在江苏等江南地方流传着偷观音的绣花鞋以求子的习俗。据近人胡朴安《中华全国风俗志》记载,江苏青浦鱼渡镇无子的妇女,必须要去镇东祖师堂的送子观音像前烧香告祷,并且要暗中将送子观音的绣鞋偷走一只。之所以这么做,是因为当时当地认为这样可以帮助实现生子的期盼。除此之外,还有偷观音像前的童子像以求子的。

麒麟送子传到今

麒麟是中国传说中的神兽,古人认为虽然其外表凶猛彪悍,但仍属于一种不折不扣的仁慈之兽,麒麟出没处,必有祥瑞。普通老百姓更多地认为麒麟是送子神兽,它能够为人间带来子嗣,增添人间的欢声笑语,因此求拜麒麟能为人们带来子嗣。

民间常说"天上麒麟儿,地上状元郎",男孩多被称为"麒麟儿"。传说中的"麒麟送子",多与孔子有关。传说孔子父母婚后,常去尼丘山祈祷,保佑能添个健康的男孩。一日,天降麒麟,并吐血于石上,孔母因曾坐于石上而受孕。孔子降生前,忽有一只麒麟走进孔纥家中,麒麟举止优雅,不慌不忙地从嘴里吐出玉书,上有:"水精之子孙,衰周而素王。"意思是说孔子乃是自然造化之孙,未居帝王之位,但有帝王之德。

中国古代的生育观念是多子多福,将不能生儿育女、传宗接代视为最大的不孝。这种传统观念根深蒂固。由于麒麟曾降临过孔子这样的圣贤之人,因而人们相信麒麟既可以送子,又可以佑子。于是,以"麒麟送子"为主题的活动常见于古代民间文化现象中。

直到近代,麒麟送子的习俗在很多地方都还存在。胡朴安《中华全国风俗志》引《长沙新年纪俗诗》云:"妇女围龙可受胎,痴心求子亦奇哉。真龙不及纸龙好,能作麟麟送子来。"意思是说,多年不能生育的妇女,每年放龙灯到家门口的时候,要另外给其红包,放灯人会以龙灯围绕妇人一周,并将龙身缩短,上骑一小孩,在堂前绕行一周,寓意着麒麟送子。麒麟属于龙族,长沙当地的这一年俗是以龙灯代麒麟,祈求为不孕妇女送去好运。

麒麟送子

每年春节,民间都有张贴麒麟送子年画的习俗。年画主题突出,描绘生动有趣,画面正中为一匹龙头、狮尾、细腿、马足、全身披甲鳞的麒麟,背上驮着一个手持莲花的童子,寓"连生贵子"之意;后面跟随着送子的女子,穿戴华贵、温柔可敬;

背景则是祥云缭绕,充满着"天赐贵子"的喜庆吉祥气氛。民间还有送纸扎麒麟(下巴上有许多胡须)的习俗。送麒麟时,那些未生孩子的妇女或者才过门的小媳妇,往往被一些大嫂们连拖带拉地推到麒麟面前拽胡子。在戏耍麒麟时,旁边则有人唱着"早生贵子早得福""寿比南山不老松"等一类吉利语。唱完之后,每家都会给钱致谢。

求子习俗代代新

与先秦时期的求子对象主要是高禖神不同,汉代求子的对象添加了"九子母"这一神灵。九子母来自先秦时的传说:有女岐,生有九子。这样会生子的神,自然成了人们求子的对象。西汉元帝与王皇后就在宫中设有一座画着九子母像的画堂,生下儿子即后来的成帝,认为受到九子母的保佑。九子母从此流传开来。

除了"九子母",祈子的对象还在继续扩展,据《封氏闻见记》记载,在北魏时期,民间还有到孔庙求子的,许多妇女到孔庙"有露形登夫子榻者",即有赤身登孔子床的。真是求子心切,到了忘形的地步,以致皇帝下诏禁止,说这是亵慢圣人的鄙俗。隋唐时期,祈子的对象继续增加,如唐传奇《李娃传》中李娃曾对郑生说:"与郎相知一年,尚无孕嗣。常闻竹林神者,报应如响,将致荐酹求之。"大意为李娃听说竹林求子很灵验,所以和郑生说要去竹林求神,希望能为他求得子嗣。这反映了当时民间出现了向竹林求子的习俗。

另外,受佛教"鬼子母"故事广泛流传的影响,唐代开始,民间将"鬼子母"塑像并祭祀。"鬼子母",又称为欢喜母、暴恶

母或爱子母,梵文音译诃利帝母,原为婆罗门教中的恶神,护法二十诸天之一。传说,鬼子母生了五百个儿子,她天天还要吃王舍城里别人家的小孩。佛祖得知此事,规劝不从,遂以法力藏起她的一个儿子,鬼子母想念她的孩子,急得又哭又闹到处寻找。当她知道孩子在佛身边时,便求佛还给她。佛说:你有五百个儿子,少一个就着急,你不想想,人家只有一两个孩子,被你吃了,那又怎么办呢?鬼子母幡然悔悟,皈依了佛门,成为护法神。民间即以鬼子母为守护幼儿的慈悲女神,后来又将她与妇女生育联系起来,将她当作送子娘娘来礼拜。

鬼子母

宋代开始,人们更多地在婚礼中加入祈子习俗,如"撒帐"中用枣子、花生、桂圆、核桃、栗子、莲子等,寓意多子;在嫁妆中备有"子孙桶";"铺床"时找男孩"压床";新媳妇进门时"传袋",即"传宗接代",等等,均寓含早生贵子之意。

祈子习俗发展到明清时期,形式更加多样。明代求子的对象除观音、金花娘娘之外,还有碧霞元君。碧霞元君相传为东岳大帝之女,宋代已有此封号,其庙在明代香火更加旺盛。清代,元君庙遍布北方,进香者往往在庙中住宿以求子。山东等地的碧霞宫,神案上摆着泥塑的男孩,人们施舍钱物之后便可以挑选一个带回家,作为生子之兆。各地还有奶奶庙、子孙堂等,北京的东岳庙、南药王庙也都是可祈子进香的尊神所在。

明清时期的祈子习俗还兴起了"偷"和"摸"的形式。有的偷佛堂的莲灯,有的偷土地庙的供灯,有的偷水边系船的木桩;还有中秋之夜到菜园里偷瓜的,叫"摸秋",相传摸得瓜、豆的生男孩,摸得扁豆的生女孩;再就是北京元宵节妇女到正阳门摸门钉(钉为人丁之意)。也有"送"的,如"麒麟送子",还有偷瓜送到不育妇女家中的。

摸门钉祈子

礼俗风尚——文明的光辉

报　喜

以宗族为基础单位的古代社会非常重视生育,尤其期望多子多孙。《诗经》里的"绵绵瓜瓞",就是以延续不断的小瓜来比喻子孙的兴旺和繁衍的。孩子的出生对一个家庭而言是天大的喜事,喜事当然需要和亲朋好友同分享了,这便是报喜。

生男生女喜不同

古人对于生男生女也有不同的表达方式。商代的甲骨文里,占验生男为"嘉",生女为"不嘉",重男轻女的观念在《诗经·斯干》一诗中表露无遗:"乃生男子,载寝之床,载衣之裳,载弄之璋。其泣喤喤,朱芾斯皇,室家君王。乃生女子,载寝之地,载衣之裼,载弄之瓦。无非无仪,唯酒食是议,无父母诒罹。"意即如若生了个男孩,就要让他睡床上,给他穿上好衣裳,让他玩弄玉璋。他的哭声多洪亮,将来准能穿上红色鲜亮的蔽膝,成为诸侯君王。如若生了个姑娘,就要让她睡地上,把她裹在褓褓中,让她玩弄纺锤棒。长大端庄又无邪,应该好好料理家务,不要使父母丧失颜面。从中不难看出,社会对于生男生女表达的喜悦完全不同,当时的男尊女卑思想还是很严重的。

中国进入宗法社会后,人们就特别重视传宗接代。新生婴儿由于性别的不同,当他们一来到世间,迎接他们的就是两种不同的眼光。《礼记·内则》载:"子生,男子设弧于门左,女子设帨于门右。"即新生儿出生,如果是男孩,应在门左挂一张木弓,象征男子的阳刚之气;如果是女孩,则在门右挂一块手帕,象征女子的阴柔之德。《说苑》中记载,孔子遇见荣启期,见他穿着鹿皮裘,鼓琴而歌,便问他为什么,荣启期回道:"人以男为贵,吾既已得为男,是二乐也。"可见当时对于生男生女的不同反应。魏晋傅玄的《豫章行苦相篇》中也说:"苦相身为女,卑陋难再陈。男儿当门户,堕地自生神。雄心志四海,万里望风尘。女育无欣爱,不为家所珍。"诗中所表达的就是男女从出生时就有完全不同的人生轨迹。北宋人梅尧臣曾戏说"生男众所喜,生女众所丑。生男走四邻,生女各张口",但到了自己生女儿时,只好"慰情何必男",自我安慰罢了。明清时期,从当时通俗小说《人间乐》中关于居行简久婚未育,年近五十,得一女儿,说道:"我已绝望,不意天见可怜,赐我半子,何异掌上明珠。膝下承欢不乏人矣。"可见重男轻女依然普遍,虽有女儿,仍以"半子"期待。

不同地区报喜风俗不同。福建泉州旧时生男孩要马上到祖祠去燃放鞭炮,有的甚至鸣火铳,以示向祖先报喜。在家门口或庭院则摔"土结"(一种建筑用的泥土坯块),意在祈求日后幼儿好养育,长大有胆略;生女则缺乏如此热烈气氛,而且所送礼品也有别,亲友一般仅送鸡蛋,不送线面,以免有咒人连续不断生女之嫌。山东青岛地区在孕妇平安分娩后,家里要办的第一件事是"挑红",即在大门上挂一块红布,告示乡邻孩子已经平安降生了。山西乡间也有挑红的习俗。山西晋南一带,凡是生下孩子的人家,都要在自家的大门门头上挂上几

束干草,还要悬上红布条。有的人家生了男孩,则要另外用一大块红布,上用毛笔书写"弄璋之喜",挂于门楣上,以向外传递生子的信息,光耀门庭。在门首正中的红布下方,还要挂上一面圆镜子,意为让孩子长大后前程远大,前途光明。生女称为"小喜",也称"弄瓦之喜"。

　　婴儿出生后,男方家要派人向产妇娘家"报生",娘家要送来鸡蛋、线面、鸡等礼品,以示庆贺,并让产妇补养身体。报喜之人根据各地的习俗不同也有不同,一般是由新生儿的父亲亲自去报喜,随身携带的礼品则各有特点。在安徽徽州地区,婴儿出生后,夫家要备黄酒、红蛋送婴儿外公外婆家报喜。黄酒满壶,壶嘴朝前为男,壶柄朝前为女,一看便知。黟县的习俗是生女孩默不作声,生男孩则点放鞭炮,焚香祭祖,染红鸡蛋,由新生儿父亲送至岳家报喜,接受亲戚和邻居的祝贺。长沙的习俗是报喜时生男孩带公鸡,生女孩则带母鸡,岳家无需问便知生男生女了。江苏南京地区,生了孩子后,把准备好的喜糖、喜糕、喜钱、红鸡蛋放在拎箩里,由孩子父亲拎到娘家报喜。赶到岳父母家里,孩子父亲根据自家生了男孩还是女孩,用拎箩摆放的不同位置来告诉他们:如果生了男孩,就把带来的拎箩放在八仙桌腿边;要是生了女孩,则把拎箩放在八仙桌桌面。娘家人看见拎箩的摆放位置后,就知道自家女儿生了男孩还是女孩。

汤饼、米面贺新生

　　西汉之初,对于生儿祝贺已有相应记载。《史记·韩信卢绾列传》记载:"卢绾亲与高祖太上皇相爱,及生男,高祖、卢绾同日生,里中持羊酒贺两家。"卢绾父亲与刘邦父亲关系甚好,两人又是同日出生,出生的时候,乡民就持羊、酒贺之。东晋时也有生儿庆贺的故事,据清代张贵胜《遣愁集》记载,晋元帝生子,心中大喜,在朝廷上赐文武群臣汤饼宴以示庆贺。有个叫殷羡的大臣进前拜谢说:"祝贺陛下后继有人!臣辈无功受赐,惭愧,惭愧!"晋元帝开玩笑说:"你这是说的什么话!这样的事情难道也能让你们立功吗?"虽然是则笑话,但是也体现了当时的贺儿风俗。

　　唐代开始,在皇室的垂范下,生儿贺俗变得更加正式。龙朔三年(663年),唐高宗得了儿子,即在孩子满月之日大赦天下。"洗儿钱"的礼俗也从唐代开始盛行。唐代王建的《宫词》中有"妃子院中初降诞,内人争乞洗儿钱"的诗句,从中可以看出当时的洗儿钱是赏赐给执行洗儿仪式的宫女们的。唐玄宗赐贵妃"洗儿钱"在历史上颇为闻名。司马光的《资治通鉴》中有这样一段记载:"禄山生日,上及贵妃赐衣服……召禄山入禁中,贵妃以锦绣为大襁褓,裹禄山……上自往观之喜,赐贵妃洗儿金银钱,复厚赐禄山……"意思是说杨玉环用锦绣做成的大襁褓裹住安禄山,让宫女用彩轿抬起。唐玄宗还亲自去观看"洗儿",并赏赐给杨玉环"洗儿钱"。

　　唐宋以来有"洗三"的仪式,如苏轼的《贺子由生孙》称:"况闻万里孙,已报三日浴。""洗三"也称"洗三朝",是在婴儿出世后的第三天举行的庆贺仪式,庆贺家庭添丁进口,也是婴儿从母体脱离降生人世的象征性仪式。仪式当天,亲朋毕集,煎香汤,下洗儿果,用彩丝绕盆,称"围盆红"。把婴儿的第一次洗沐称"洗三",显然也含有对新生命的祝福的意思。从中国人的数字观念来看,"三"是带有吉祥意义的数字,例

如三元及第、连升三级、三星高照等,都与"三"有关。"洗三"时多用艾叶、花椒等浸泡过的热水,由老年妇女为婴儿擦身,认为这样可以去掉胎气。"洗三"也饱含深意,当天亲戚朋友都携带礼品前来祝贺,他们把清水、果子、鸡蛋、银钱等搁在婴儿的洗澡盆里,叫作"添盆",而添盆的银钱多由收生婆拿走(《醒世姻缘》)。《容斋随笔》记载,南宋定都杭州以后,凡是皇子生儿添女的,在京官员都会得到赏赐,不过官员也得给皇子回礼。当时的洗儿钱除了钱币以外,还有其他一些极其珍贵的宝贝。

洗三

唐宋时期称贺儿宴会为"汤饼会""汤饼宴"。刘禹锡在

《送张盟赴举诗》云:"尔生始悬弧,我作座上宾。引箸举汤饼,祝词天麒麟。"诗中回忆的正是诗人在张盟刚出生时的汤饼会上的往事:当天你刚刚出生的时候,我曾经参加你家为你举办的庆生宴,那时我拿起筷子举起汤饼,祝愿你就像天上的麒麟那样杰出。

明清时期的生儿贺礼,则更加隆重。孩子初生,孩子父亲即携带鸡蛋或鸡到岳家报喜,岳家同样要回赠喜蛋等礼物。同样,视生男或生女,礼数厚薄有差异。当时还流行"送粥米"的习俗,又称为"送米面",就是当婴儿出生之后的第三天,产妇娘家、亲戚朋友和街坊邻居都前来送礼祝贺,特别是产妇的娘家,这对他们也是一件非常隆重的事情,礼物轻重常显示出娘家的经济实力和对产妇的关爱程度。在所送礼物中一般都会有米或面,所以称为"送粥米"或"送米面"。除了米面,还有鸡蛋、点心、红糖,是给产妇补身体的;也有婴儿的穿戴物品,如项圈、镯子、帽子、衣物等。一般送粥米的亲友离开时,要在他们的盒子里回送一些东西,如《醒世姻缘传》第二十一回载:"晁夫人都把他们送粥米的盒子里边满满地装了点心肉菜之类,每人三尺青布鞋面,一双膝裤,一个头机银花首帕。"今天山东风俗里仍有送粥米的风俗,一般送米面和鸡蛋,回送的则是数个煮熟的红鸡蛋。

满　　月

满月,是婴儿出生后的第二个重要庆贺活动。一个新的

生命度过了出生以来的第一个月,也就是闯过了生命成长的第一关,全家上下、亲朋好友无不为之高兴,并真诚地给予祝福,故民间俗称满月为"弥月之喜"。小孩出生后长至满月,就该举行出生以来最为隆重的一次礼仪活动——满月礼。满月这天一般要大摆筵席宴请宾客,亲友们四方云集前往送贺礼。

弥月之喜

我国自唐代开始便有满月礼习俗的记载。唐高宗龙朔二年(662年)七月,皇子李旭满月,庆典持续三日。这是关于满月礼俗的最早记载。后来,唐中宗李显的女儿安乐公主生了男孩,做满月礼的时候,中宗、韦后都到她的宅第祝贺。清代同治年间《乐平县志》中记载,在婴儿满月这一天,要摆宴庆贺,来的人也都要送礼物。

婴儿满月这天,主家请客,所请客人首推孩子母亲的娘家人,如孩子的外公、外婆、舅舅、舅母、姨妈。亲朋好友均携带礼物来祝贺,所带礼品花样繁多。在山西,过满月的做法比较普遍。一般情况是由亲朋好友带上礼品,到主家里做客,吃一顿"满月宴",然后离去,而给孩子所带礼品,有小儿衣物、食品,或是小银锁和零花钱。满月礼后,还有出行礼俗。《中华全国风俗志》中记载,浙江地区"婴孩满月剃头后,须与舅父怀抱前走,姑父撑伞遮于婴孩头上随之,赴街游行一圈"。有的地方则是婴儿在满月当天或满月后在别人帮助下挪窝、外出或随母亲去外婆家做客等。

在新生儿满月这天,奶奶、姑姑、婶婶等都要赠送银锁。银锁种类很多,有项圈锁、项链锁等,锁上铸有"长命富贵""长命百岁""三元""百庆"等吉祥字样。

"过满月"时要给婴儿理发,俗称"铰头"。在青岛,铰头要在上午进行,请族中未婚姑娘在婴儿头上自下而上铰三圈,铰下的胎毛用一张面笺接住,再用红布包好,缝在婴儿的枕头里。铰头时须有舅舅在场,如舅舅不在,则在小孩身旁放一个蒜白,谐音"舅",代替舅舅参加。下午,婴儿由舅舅搬回住处,叫"搬满月"。安徽徽州地区的习俗也是在婴儿满月时剃胎发。剃毕,取熟鸡蛋去壳,在婴儿头顶上滚动数下,据说是为解除胎气;家中要请"满月酒",产妇抱婴儿出房拜见宾客;有些产妇要回娘家调养,也于满月启程。

福建泉州以前有习俗,婴孩满月时要认贫困多子女的亲朋邻里甚至是乞丐(须品行端正者)为干爹娘,干爹娘多姓刘,"刘"者"留"也,希望分享他们的福根,使婴孩顺利成长。这大概是人们认为婴孩犹如花草,娇贵者难养、"臭贱"者易活。一般干爹娘要于满月时送给干儿女木饭碗、木匙(可能是因为瓷质的易摔碎)、长命锁以及衣、帽等生活用品。如干爹娘是乞

丐,所送礼物则主要是一个草编的微型乞丐行乞的标志"加志"——用来装纳碗筷、钱物的草袋,给婴孩挂上,寓意可以像干爹娘那样"贱命少病"。近代有些地区仍给孩子起乳名为"猫""狗"等,亦是取其易生长之寓意。

加志

百　日

婴儿出生后满百天,同样是一个比较重要的日子,民间习俗一般会在这天举行仪式庆祝,叫"过百日",古称"百晬"。民间以长命百岁为吉,遂俗称"百岁"或"过百岁"。过百岁多在婴儿出生的第九十九天,一般由小孩的外婆、姨妈来送礼,关系亲密的亲戚、朋友也有前来庆贺的。

大约从宋代开始,中国人就有给小儿庆贺百日的习俗了。南宋吴自牧的《梦粱录·育子》记载,杭州当地的人家,在孩子出生一百天即百晬时,会大摆宴席以示庆贺。此外,同时期周密的《武林旧事》记载,宫中妃嫔生子百日,可向内东门司领皇帝赏赐祝贺的银绢。可以看出当时不论皇族还是民间都有给婴儿过百日的习俗。

宋朝以后,婴儿百日这天也有不请客的,但是外婆家一定要给婴儿送衣服、鞋帽为贺礼。清人范祖述的《杭俗遗风》中说,孩子一出生,父亲就要背上喜蛋、喜酒和喜果送到外公外婆家报喜,外公外婆家收到喜报后,立即准备给小孩穿的衣服,当然还有鸡蛋、糖果之类的东西。待孩子满一百天的时候,外公外婆家还要送小孩子围嘴,用纱质细绉、挑花、绣花垫在下面,上面摆上银镯子和寿桃等物品。

长命锁

过百日时还要给婴儿戴"百家锁"(也叫"长命锁"),穿"百家衣"。"锁"含有圈住、锁住之意。百家锁是由亲朋好友多家凑钱请银匠打成的,上有"长命百岁"或"长命富贵"的字样,以祝长寿;百家衣是用从各家讨来的碎花布缝成的,讨的人家越

多越好，布的颜色也是以色彩繁多为上。花布中唯有紫色的较难讨换到，因为"紫"谐音"子"，人们不愿把子送人，所以只有到孤寡老人处才容易讨到。

四川自贡地区在婴儿满百日时，由福寿双全的老人以酒肉抹婴儿口，称为"开荤"。江苏无锡地区也有在婴儿满百天时办面筵宴请亲友的习俗。山东青岛地区的习俗是，婴儿出生一百天（也有九十九天）时，亲戚、朋友前往庆贺，礼物多为小儿衣物，平度、莱西就有"姑家的裤子姨家的袄，妗子家的花鞋穿到老"的俗谚。莱西等地送的贺礼中还要有一对用白面做的小老虎。在山东胶州，婴儿百日的上午要在一棵柳树下举行婴儿穿新衣仪式，柳树旁放一个量粮食的斗，斗前放一个盛新衣的筛子，在由姑或姨给婴儿穿上新衣后，将婴儿抱到斗上摇几下，"依着柳坐着斗，小孩活到九十九"。随后由姑或姨抱着绕全村走一圈。

抓　　周

婴儿出生满一岁，古称"周晬"，现称"周岁"，俗称"一生""一生日"等。婴儿度过了完整的春夏秋冬，也基本上度过了成长中最危险的时期，是婴儿的重要祝贺日。周岁时，亲友也要给孩子送贺礼。送的礼物中一般有鞋子，祝贺孩子就要开始挪步走路了，叫"给小孩安腿"。鞋子就叫"挪步鞋"，小孩要站到铺着红布的桌子上，试穿所有的花鞋，送鞋、试鞋都有祝愿孩子顺利成长的寓意。外公外婆送给外孙(女)的周岁礼物有衣帽、鞋袜、布料以及长命锁、手镯等,其中有虎头图案的虎耳帽、虎仔鞋,颇具特色,有避邪、吉庆、长寿之意。

虎耳帽

在给婴儿庆周岁生日时,民间最常见的是举行"抓周"仪式,又称"抓龟",也叫"抓生""试儿""试周"等。这一习俗在南北朝时就已流行。相传,三国时吴主孙权称帝未久,太子孙登得病而亡,孙权只能在其他儿子中选立太子。有个叫景养的西湖布衣求见孙权,进言立嗣传位乃千秋万代的大业,不仅要看皇子是否贤德,而且要看皇孙的天赋,并称他有识别皇孙贤愚的办法,孙权遂命景养择一吉日相试。是日,诸皇子各自将儿子抱进宫来,只见景养端出一个满置珠贝、象牙、犀角等物的盘子,让小皇孙们任意抓取。众小儿或抓翡翠,或取犀角。唯有孙和之子孙皓,一手抓过简册,一手抓过绶带。孙权大喜,遂册立孙和为太子。然而,其他皇子不服,各自交结大臣,明争暗斗,迫使孙权废黜孙和,另立孙亮为嗣。孙权死后,孙

亮仅在位七年,便被政变推翻,改由孙休为帝。孙休死后,大臣们均希望推戴一位年纪稍长的皇子为帝,恰好选中年过二十的孙皓。这时一些老臣回想起先前景养采用的选嗣方式,不由啧啧称奇。此后,许多人也用类似的方法来考校儿孙的未来,由此渐渐形成了"试周"习俗。

"试周"习俗

三国时期,在江南地区,当小儿满一周岁时,家人就给其制作新衣,沐浴打扮起来,接受亲友来贺。男孩子用弓矢、纸笔,女孩子用刀尺、针线,再加上食品和珍贵玩具等,放在小儿面前,看他(她)想拿哪一件东西,以此来试他(她)的贪、廉、愚、智,叫作"试儿"。后世称为"试周"或"抓周",仪礼和试儿的目的也不断改变和丰富起来。北齐颜之推的《颜氏家训·风操》亦有类似记载。

　　唐代,从南朝时期就开始在江南流行的抓周风俗,也在宫廷内流行起来。如武则天曾将皇孙都召集到大殿上,看他们嬉戏,把西域各国进贡的玉、环、钏、杯、盘等奇珍异宝陈列在皇孙的身边,然后让他们争相拿取,看他们所拿的东西来观察他们未来的志向。据说唐高宗幼年时,喜欢拿着笔玩,身边的侍女们试着把纸放在他面前,看着他在纸上胡乱涂鸦,神奇的是,尚不识字的高宗,竟然在纸上画出了草书"敕"字。

　　宋元时期,周岁又称"周晬",与"百晬"相比,贺礼更多,家里陈列锦席,焚香点烛,拿出家传珍贵物品和纸笔书籍以及各种日用工具、女工针线、儿时玩具放在小儿面前,看他先拿什么,以为佳兆,叫作"拈周试晬",这也是六朝以来发展最完备的"抓周""试周"礼俗。

　　周岁"抓周"的习俗,清代时普遍流行并受到重视。如《红楼梦》第二回写冷子兴和贾雨村谈到贾宝玉爱与姑娘们厮混时,就追溯当年"抓周"的兆头。贾宝玉周岁时,贾政想试一试贾宝玉将来的志向,便将各种物件摆了无数,让他抓取。谁知他其他的一概不取,伸手只把些脂粉钗环抓来。贾政大怒,说:"将来酒色之徒耳。"虽是小说,却反映了当时的社会风俗。

　　民国二十四年(1935年)的《莱阳县志》记载,孩子周岁的时候,给他换上新衣服,摆设出各种物品,让他抓取。如果他拿了书,预示着将来可以成为读书人;如果拿了农具,预示着将来会成为农民;如果抓取了官帽,将来一定大富大贵;如果拿了土块,预示这孩子养不大就可能夭折;如果拿了棍子,预示着他将来是要饭的命。

　　山东枣庄一带,在"抓生"前,家长先将书本、算盘、秤、衣

饰、佛珠、官帽、刀剑、谷穗、钥匙、调羹、馒头和小农具等生产、生活用品放在盛粮食用的"升"里,也有放在桌面上的,让小孩任意抓取,家长们以孩子第一次抓的东西判断孩子未来的前途。若抓了书本或算盘,就认为孩子有出息;若抓了馒头等食品,就认为孩子长大只有吃心;若男孩先抓了首饰等物,就认为他儿女情长,没有大志。

"抓生"习俗

今天,抓周习俗在很多地方还存在,但绝大多数人已不再认为它能预示孩子的未来,而仅以此为乐,但也有少数人十分相信,似乎孩子的将来全在此一抓。"抓周"其实只是长辈们对孩子的前途寄予厚望,在孩子一周岁之际,对孩子的美好祝愿而已。

成年礼俗：
责任与担当

　　在古代中国，个体在成长过程中，受到各种礼仪的熏陶和教化，人们会从这些礼仪中习得社会规范并学会遵规行事，也只有经过这些礼仪规范的教育熏陶，个体才能够真正成为一个社会人。丰富完备的礼仪在个体成长的过程中，起着影响和规范个体行为的重要作用。

　　冠礼和笄礼是中华民族传统的成人仪礼，在历史上，它对个体成员成长的激励和鼓舞作用非常大。先祖们对于冠礼非常重视，所谓"冠者礼之始也"，《仪礼》将其列为开篇第一礼，是有其道理的。

冠　礼

　　冠礼的仪式程序在《仪礼》中记载得最为详细。该书比较完整地保存了西周的礼仪程序，《士冠礼》排在全书第一篇，足见其重要性。冠礼的主体部分，是由正宾依次将缁布冠、皮弁、爵弁等三种冠加于受冠礼者的头上。缁布冠实际上是一块黑布，相传太古时代以白布为冠，若逢祭祀，就把它染成黑色，所以称为缁布冠，这是最初的冠。冠礼先加缁布冠，是为了教育受冠礼者不忘先辈创业的艰辛。西周时期的贵族在日常生活中已经不戴缁布冠，缁布冠只用于冠礼的过程中。其次是加皮弁，弁也是一种帽子，皮弁的形制类似于后世的瓜皮帽，用白色的鹿皮缝制而成，与朝服配套穿戴，地位要比缁布冠尊贵一些。最后加爵弁，"爵"通"雀"，爵弁所用质料与雀头的颜色（赤而微红）相似，因此得名。爵弁是在国君祭祀等庄重场合士和乐人所戴，形制如冕，比冕次一级，地位最尊。三

三加弥尊

次加冠,将地位最卑的缁布冠放在最前,地位稍尊的皮弁其次,而将爵弁放在最后,每加愈尊,是隐喻冠者的德行能与日俱增,所以《冠义》上说:"三加弥尊,加有成也。"

礼前准备,筮日筮宾

行冠礼之前主人家首先要筮日、筮宾,即通过占筮的方式,选择举行仪式的合适日期和主持人。筮日、筮宾都必须在家庙进行,即"筮于庙门"。"冠、娶妻必告",意思是冠礼和婚礼一样,都要到宗庙去告祭祖宗,这是尊神尊祖意识的体现。"旅占卒,进告吉",即加冠者的父兄(即主人)率领筮人、宗人等进行占卜,根据众人的占卜结果选出吉日。日期确定后,主人提前三天通知亲友,邀请他们届时前来观礼,即所谓"戒宾"。行礼的前三天,主人再占卜选择一位德高望重的人来担任"正宾",还要为正宾请一个助手,即"赞冠者",以协助正宾顺利举行冠礼诸项程序。参加冠礼仪式的人员范围很广,基本包括主人所有的家人、族人和属臣,表明整个家族对此的重视。

三加弥尊,加有成也

加冠之前,三种冠分放在三个竹器中,由三位有司捧着,从西阶的第二个台阶开始依次往下站立。加冠者在堂上有专门的席位,其位置因身份的不同而不同。嫡长子的席位设在阼阶之上,其他嫡子和庶子的席位在堂北偏东的地方。堂的面向都朝南,堂前有东、西二阶,东阶供主人上下堂专用,所以

称为主阶,也叫阼阶;西阶供来宾上下堂,所以称为宾阶。《仪礼·士冠礼》说:"嫡子冠于阼,以著代也。""著"就是彰显的意思,"代"就是替代,阼阶之上是主人之位,让嫡长子在此加冠,意在突出他将来有资格接替父亲在家中的地位,这是中国古代的嫡长子为尊理念的体现。

　　加冠之前,先由赞者为冠者梳头,再用帛将头发包好,做好一切准备。为了表示洁净,正宾都要先到西阶下洗手,然后上堂到将冠者的席前坐下,亲手将冠者头上包发的帛扶正,然后起身,从西阶走下一级台阶,从有司手中接过缁布冠,走到将冠者席前,先端正其容仪,然后致祝辞说:月份和时日都很吉祥,现在开始为你加冠。抛弃你的童稚之心,慎养你的成人之德。愿你长寿吉祥,广增洪福。祝辞完毕,有司要亲手为他戴上缁布冠。接着由助手为冠者系好冠缨。冠者进房,脱去彩衣,换上与缁布冠配套的玄端服出房,面朝南,向来宾展示。

加冠之礼

再加和三加之礼的礼节与仪式与此基本相同,只是第二次加冠时,正宾要从西阶走下两级台阶;第三次加冠时要走下三级台阶,因为捧持皮弁和爵弁的有司站在不同的位置。此外,每次加冠的祝辞略有变化,但意思相同,均是勉励加冠者抛弃幼小嬉戏惰慢之心,进而树立进德修业之志。如《仪礼·士冠礼》云:"三加曰:'以岁之正,以月之令,咸加尔服。兄弟具在,以成厥德。黄耇无疆,受天之庆。'"意思是说:在这美好的岁月,三种冠依次给你加上。兄弟们都来参加你的冠礼,以成就你的美德。祝你长寿无疆,享受天赐的福庆。这是长辈对冠者的一种衷心祝愿,也是成人教育的重要内容。

《礼记·冠义》认为冠礼作为成人之礼的重要意义在于,要端正一个人的形体容貌,需首先端正其衣冠,尤其是衣冠之首的冠。一般成年人日常戴的缁布冠、参与武事戴的皮弁、作为礼帽戴的爵弁,在冠礼中依次出现,正是体现了"三加弥尊,谕其志也"。冠礼作为成人的标志,有着丰富的社会内涵。加冠授字仪式一结束,就表明冠者已经长大成人。他不仅可以成家立业,生儿育女,而且要承担一定的社会责任。从社会生活的角度看,它是成人的标志。受冠礼以后,冠者即可以成人身份参与社会交往,并有了自己独立的言行举止。从此,人们对他也要以礼相敬。同时,受冠礼以后,冠者的社会地位也就被确定了,一举一动都应合乎礼仪规范。对于个人的成长来说,它意味着个体独立的开始。从此以后,冠者将有资格做官、参加祭祀,同时也必须履行一定的社会义务,如服兵役、侍奉父母等等。从加冠的祝辞中,我们也可以看到对冠者人格和品德的种种期望。如"弃尔幼志,顺尔成德""敬尔威仪,淑慎尔德""眉寿万年,永受胡福"等祝辞,希望冠者以成人之道要求

自己,并从"仪""德""寿"三个方面提出了具体的期望和祝福,也希望冠者以为兄弟之表率。总之,无论对冠者的个人修养,还是对其应尽的义务,都提出了新的要求。从家庭的角度来看,冠礼是一个人具备担负社会责任的能力、能择偶成婚的标志。

礼成之后,拜见尊长

冠者礼成之后已是成人,这时用成人礼见兄弟、赞礼者以及姑姊;接着"乃易服,服玄冠、玄端、爵韠",执挚参见国君,拜见卿大夫、乡大夫。这时冠者所戴玄冠是通行的用于祭祀、上朝等场合的正式礼帽,表明他"成人"的身份。首先拜家庭各成员,然后是上至国君,下至乡党士绅。私人性的成人仪式,影响范围从个人到家庭,又扩展到了庙堂和乡里之间,受礼者从少年步入成年,从父母膝前转入社会庙堂,标志其真正成人。主人在冠礼之后向宾客敬醴酒,送礼物酬谢,将宾客们送至大门外,仪式结束。

冠礼完毕,冠者要拜见有关的尊长。先从西阶下堂,折而东行,出庭院的东墙,面朝北,拜见在这里等候的母亲,并献上干肉,以表敬意。母亲拜受后准备离去,冠者拜送,母亲还拜。冠者去见站在堂下的兄弟和亲戚。亲戚向冠者行再拜之礼,冠者答拜还礼。冠者拜见母亲、兄弟等,是表示在家中从此以成人之礼相见,所以《礼记·冠义》说:"见于母,母拜之;见于兄弟,兄弟拜之;成人而与为礼也。"

冠者回家脱去爵弁服,换上玄冠、玄端和雀色的蔽膝,手执一只雉,前往拜见国君。见面时,要将雉放在地上,不能亲手交给国君,因为亲手授受是尊者与尊者之间的礼节。礼毕,再执雉分别去拜见卿大夫和乡先生。所谓"乡先生",是指退休还乡的卿大夫。冠者首次以成人的身份拜见国君、卿大夫、乡先生,这便是《礼记·冠义》说"玄冠、玄端,奠挚于君,遂以挚见于乡大夫、乡先生,以成人见也"的意思。

在加冠礼进行的同时,还有一项主要的仪式就是为冠者取字,即在姓名之外取表字,为了表示对父亲所起之名的敬重,在古代的社会交往中,只有长辈对晚辈或尊者对卑者可以直呼其名,平辈之间、晚辈对长辈则要以字相称,以示尊敬,否则就是失礼。也就是说,"字"是成人交际时使用的,所以《礼记·冠义》说:"已冠而字之,成人之道也。"正宾为冠者取字有严格的仪式。正宾从西阶下堂,站在正对西序之处,面朝东。主人从东阶下堂,站在正对东序之处,面朝东。冠者站在西阶下的东侧,面朝南。正宾为冠者取表字,并致祝辞,大意为:"礼仪已经齐备,在此良月吉日,宣布你的表字。你的表字无比美好,宜为英俊的男士所有。适宜就有福佑,愿你永远保有。你的表字就叫'伯某甫'。"周代的表字,首字表示排行,用伯、仲、叔、季表示,视情况而定;末字"甫",或作"父",是对男子的尊称;中间的"字",一般与名的字义有联系。

男子的冠礼一般在二十岁举行,但也有很多例外,相传周成王十五岁加冠,春秋时期鲁襄公十二岁加冠,战国时期,见于记载的秦国数位国君,都是在二十二岁举行冠礼的,秦始皇在加冠后还带剑,应是新起之俗。秦、汉、南北朝时期的冠礼,见于记载的都是皇室所举行的,因此就有别于"士冠礼",比如用"金石之乐",这是之前士冠礼所没有的。后世均略有变化。

加冠之礼,世代传承

西周是中国礼制的成熟期,嫡长制的宗法社会规定"二十冠而字",从天子至士庶,冠礼都是成人之资,没有加冠则不能参与祭祀、社交等活动。如周武王死后周公代政,即因为"成王幼,不能莅祚",直到成王成年时,周公才归政。春秋时期,一方面礼崩乐坏,另一方面人们又极度重视冠礼。如《晏子春秋·内篇杂上》记载,齐景公披发出城门,被守门人"击其马而反之,曰'尔非吾君也',公惭而不朝"。国君不戴冠而违礼,连守门人都敢指责他,齐景公惭愧到不敢上朝。西周及春秋时期对冠礼及戴冠的重视由此可见一斑。

秦汉时期也极其重视冠礼。汉惠帝加冠时大赦天下以示庆祝;汉昭帝加冠时专门撰写皇帝加冠祝词,以区别于臣下的冠礼,也开了皇帝冠礼使用专用祝辞之先河。再一个明显的变化就是加冠的次数不限于"三加",皇帝有四加:一缁布冠,次爵弁,三武弁,四通天冠。古礼也有这种说法,但不见实行。而王公以下则只一加进贤冠。曹魏时,皇帝也只一加,太子再加,皇子、亲王等乃行三加。皇帝一加的理由是,他极尊贵,不能和士庶混同,自此历朝遵循。北魏孝文帝为太子恂加冠为再加,后来,观念又有变化,认为太子应该四加。再次是开始用"皇帝临轩"之制,太子加冠时,天子在堂前的廊槛上主持,与以前主人"立阼阶上"有异,这大致在东晋时始见,以前为皇帝派使者代行。这时又增加了拜父一节,以前只有拜母之礼。最后是增加了礼后大赦和赏赐臣民的环节,皇帝冠礼毕,群臣要奉觞上寿。

东汉时期，经过学者何林的简化，士庶的冠礼由"三加"变成"一加"，更加易于操作。在学理上，汉代经学儒生们从儒家角度诠释礼，经过删汰、整理、加工，将其纳入儒家学说的体系，"三礼"取得至高无上的地位，也使冠礼融合了更多的儒家思想因素。南北朝至隋唐，因为战争、民族融合、佛教传入等因素，冠礼已几经修订更改，较多在皇室举行，渐趋简化衰微。

从南北朝到隋唐，冠礼一度废而不行。柳宗元在答韦中立的书信中谈到："冠礼，数百年来人不复行。"说当时有一位名叫孙昌引的人，"独发愤行之"，冠礼毕，仿当年赵武见栾书等的故事，次日上朝，希望众卿士能对他有所教导。到外廷后，孙氏荐笏对卿士说："某子冠毕。"不料众卿士莫名其妙，京兆尹郑叔则怫然曳笏却立说："这与我有何相干？"文武大臣哄然大笑。可见，当时连朝廷的大臣也已不知冠礼为何物。

宋、明时冠礼开始再度受到重视。许多宋朝学者认识到冠礼的重要作用，司马光的《书仪》、朱熹的《朱子家礼》等书大力倡导冠礼，政府也加以推行，但收效不大，未能大范围普及。司马光痛心疾首地说："冠礼之废久矣。近世以来，人情尤为轻薄，生子犹饮乳。已加巾帽，有官者或为之制公服而弄之。过十岁犹总角者盖鲜矣。彼责以四者之行，岂能知之？故往往自幼至长，愚呆如一，由不知成人之道故也。"他认为正是因为废除冠礼，使得人情轻薄，缺乏成人应具有的礼仪素养，社会角色的意识不够清晰，从而造成严重的社会问题。所以，司马光在他的《书仪》中制定了冠礼的仪式，规定：男子年十二至二十岁，只要父母没有大功以上的丧期在身，就可以行冠礼。为了顺应时变，司马光将《仪礼》的"士冠礼"加以简化，使之易于为大众掌握。

据《明史》记载,明洪武元年诏定冠礼,从皇帝、皇太子、皇子、品官,下及庶人,都制定了冠礼的仪文,《明史》中有关皇帝、皇太子、皇子行冠礼的记载很多,说明在皇室成员中依然保持着行冠礼的传统。《明史·礼志八》载:"然自品官而降,鲜有能行之者,载之礼官,备故事而已。"可见在当时的官员和民间已经很少有人行冠礼了,当时设置的主管成人礼事务的"礼官"不过是一个摆设而已。清人入主中原后,政府颁定的礼仪制度发生了很大的变化,虽然还有五礼的名目,但长期作为"嘉礼之重者"的冠礼不再出现在"嘉礼"的细目之中。加之,清实行剃发改服政策,华夏衣冠礼仪的文化土壤遭受破坏,至晚清又有近代西方文化之冲击,冠礼从此湮没。

笄　　礼

中国古代男子有冠礼,女子则有笄礼。《礼记·曲礼上》说:"女子许嫁,笄而字。"可见女子是在许嫁之后举行笄礼、取表字。关于笄礼的年龄,《礼记·杂记》说:"女子十有五年许嫁,笄而字。"如此,则许嫁的年龄是十五岁。如果女子迟迟没有许嫁,则可以变通处理,《礼记·内则》郑玄注说:"其未许嫁,二十则笄。"也就是说,如果女孩子到了二十岁还没嫁出去,也要行笄礼。笄礼的仪节,当时的文献没有详细记载,大多认为应与冠礼相似。

到了宋代,一些学者为了推行儒家文化,构拟了士庶女子的笄礼,司马光的《书仪》以及朱熹的《朱子家礼》都有对专门仪式的记载。《书仪》中有"女子许嫁,笄"之说。主妇女宾执其礼。笄礼行之于中堂,执事者用家内的妇女婢妾充任。先由家中执事者将笄礼所要用的首饰置于桌子上,笄子盛于盘中,上面蒙以手帕或丝巾,由执事者执之。主人于中门内迎宾。正宾先致祝辞,然后为之加笄,执事者为之施首饰,正宾向笄者行揖礼之后,笄者到东房中,脱去衫子,换上褙子。既笄,所拜见者仅限于父母及姑嫂、姐妹。其余仪节都与男子冠礼相同。《朱子家礼》中的笄礼与《书仪》中的笄礼大体相同。

笄礼

公主的笄礼在《宋史》中有所记载:皇帝亲临内殿,礼节仿照庶子冠礼仪式,不同的是,主持人用女性,负责加笄者是女宾。《宋史·礼志》中有公主笄礼的详细记载:笄礼在宫中殿庭

举行,皇帝亲临。笄礼始加冠笄,再加冠朵,三加九翚四凤冠。祝辞和取字之辞也都套用男子冠礼。取字后,公主拜见君父,聆听训辞:"孝敬父母,善待下属,温柔正直,谦虚恭敬,讲究礼仪,不骄不躁,不欺不瞒,这是古训,你要遵从。"公主再拜,向父皇保证道:"儿虽不敏,敢不祗承!"之后,公主去见母后。最后,公主回到座位上就座,接受皇后、妃嫔和参加典礼的掌冠、赞冠官等的祝贺。

女子行笄礼,古代多称"上头"。至明代,笄礼即废而不用,但其影响却并未消逝。在民间,笄礼逐渐淡出历史舞台或与婚礼合并,使婚礼有了成年礼仪的涵义,女子出阁时理妆被称为"上头",且"修眉""开脸"等婚礼前的理妆,都标示了成人这一意思。而大婚之礼本身就宣告了当事者已成人。作为婚礼的一部分,"上头"迟则在嫁娶之日,早则在婚前一两日进行,多是请全福之妇人为其梳成年发髻,梳妆"上头"。至今,仍有许多农村女子婚嫁时,将头发挽束成髻,用簪子固定,使其与婚前发式明显不同,这也算保留了些许笄礼遗风。受汉族古"冠笄礼"的影响,朝鲜族男子行"三加礼",同冠礼,女子成年礼同样也称为"笄礼",盘发插簪。在汉族女子已不专门举行成年礼的今天,一些少数民族却保留着形式不同的女子成年礼,如藏族的"上头",瑶族的"包头帕""牛达礼",彝族的"换裙礼",纳西、普米族的"穿裙子礼",等等。

如今,笄礼已不复存在,但汉语言中仍有"待字""不字""字人"的词语留存,这些都是对女子年龄的别称,"待字"即待嫁之意;"不字"即有未许嫁之意;"字人"即已经许配于人之意,仍取义笄礼的"取表字",可以看作未成年与成年的同义语。

成年礼的当代意义

对社会个体而言,冠礼和笄礼是人生的一个非常重要的仪式,标志着男子或女子已经成年,成为一个正式的社会成员,从此开始承担相应的社会责任,同时被赋予成年人的权力和地位。先民为跨入成年的青年男女举行这一成人仪式,是要提示行礼者:从此将由家庭中毫无责任的"孺子"转变为正式跨入社会、肩负家庭责任的成年人,只有能践行忠、顺、孝、悌的德行,才能成为合格的儿子(女儿)、合格的弟弟(妹妹)、合格的臣民、合格的晚辈,从而完美地扮演自己的社会角色,唯有如此,才能够称得上是合格的社会成员。从这一角度出发,冠礼就是"以成人之礼来要求人的礼仪"。成年礼最重要的意义在于其代表了社会的新陈代谢,代表了人类社会角色一代代的传承与接力。在新生个体进入成年之际,通过仪式性的活动,让他们了解和明确自己肩负的责任和义务,顺利完成角色的转换,这对于社会的稳定、文明的传承、人类的延续,无疑具有十分积极的意义。

今天,古人奉行的"礼义"我们并不需要完全照搬。作为文明的传承者,我们需要在尊重文明传统、汲取既有文明合理内核的基础上,为传统冠礼注入新的时代精神。我们现在学习、创新和实践新的冠(笄)礼,就是为了继承这一份珍贵的历史文化遗产,为了让民族传统礼仪对振奋民族

精神、弘扬民族文明、激励青年人的成长发挥应有的作用。在继承传统冠(笄)礼对青年人负责、仁义、孝廉等正面激励价值的基础上,我们更应积极寻求通过适当方式,在冠(笄)之礼中激发青年人塑造爱国、敬业、诚信、友善等新时代应有的精神品格。

 婚姻礼俗：
联结与繁衍

　　婚姻是人生的头等大事之一。传统社会认为人须先成家，生活安定了再立业——因为成家以后，人会变得成熟，办起事来自然也会事半功倍。因此儒家也明确指出齐家、治国、平天下的次序，认为齐家是先于治国和平天下的。

　　婚礼，是人生仪礼中的大礼。古人以为，结婚是家族和血统的延续，是作为晚辈义不容辞的义务，即"不孝有三，无后为大"，因此把婚姻之礼放在一个很重要的地位。当然，我们今天看来，拥有幸福美满的婚姻是每个人所向注的，婚礼则是其重要的开端。

礼俗风尚——文明的光辉

六 礼 古 习

婚姻是人生大事,总是会形成一定的仪式规范的,不过各民族、各地区往往有自己约定俗成的做法。婚俗经过整理,从俗上升到礼,形成更加完整的仪式规范,并记入《仪礼·士昏礼》《礼记·昏义》等经典,又经历代统治者的提倡,成为封建时代里婚姻礼仪的准则,这就是通常所说的"六礼":纳采、问名、纳吉、纳征、请期、亲迎。几千年来,婚礼习俗虽然也因时因地有过许多衍变,但总的说来还是没有离开"六礼"这个模式。

媒妁之言,六礼必备

纳采是指男家请媒人到女家正式求婚,并携带一定的礼物。《仪礼·士昏礼》曰:"昏礼下达,纳采,用雁。"郑玄注:"将欲与彼合婚姻,必先使媒氏,下通其言,女氏许之,乃后使人纳其采择之。"意思是说,如果想和对方结成婚姻就要先派媒人去交流沟通,犹如后世的提亲,女方答应了才能请人送去彩礼。送的礼起初必须是雁,因为雁是候鸟,冬南夏北,来去有时,用来象征"男大当婚,女大当嫁"。后来纳采的礼物不断丰富,但一般都有一定的象征意义。

问名又称为"请庚""讨八字""探问"。男方请媒人到女方家询问女方名字、出生日期等。女方把相关内容写在帖子上,交给媒人。这帖子称庚帖,因为主要是写年庚。男方接到庚帖,要请人推算占卜,称为"合八字"。如果男女双方的八字相合,就可以定亲;如果八字相克,则不可议婚。这显然是一种迷信,后来逐渐被淘汰。

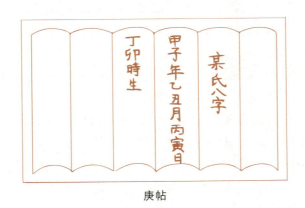

庚帖

纳吉是男方占卜得到吉兆后,告知女方,作为合婚的依据。礼节与前面的纳采相同,也用雁作为礼物。这时,双方已经到了议婚阶段,相当于后世所称的"小定"。《仪礼·士昏礼》中有"纳吉用雁,如纳采礼"之说,是指纳吉和纳采用的礼物都是大雁。郑玄在这段文字的注释部分解释说:问名以后,回到家庙中占卜,得到吉兆,于是再请媒人回到女方家中相告。到了这一步,婚事已经大致上确定了下来。到了这个阶段,男女双方还要换一次帖子,这次不是草帖,称为定帖,又称龙凤帖。所以纳吉在后来又称为"传庚"或"换帖",延至近代,也就是"订婚",订婚之后双方就要受伦理约束,不可随便解除婚约了。

纳征又称"纳成""纳币",指男家向女方送聘礼。《礼记·昏

义》孔颖达疏:"纳征者,纳聘财也。征,成也。先纳聘财而后婚成。"也就是说到了这一步,婚约已经完全成立,即婚事完全定下来。仪礼规定纳征是男方向女方送上玄纁、束帛、俪皮等较为丰盛的礼物作为聘礼。玄纁即黑色的上衣和浅红色的下裳一套,束帛即十匹帛卷,合为五双,俪皮即两张鹿皮,都取成双成对的喜兆,但不用雁。到了后世,则称为下彩礼、放定。

请期是男方送过聘礼之后,请人占卜求得一个吉祥的迎娶日子,男方把占卜选择的成婚日期告知女方,但为表示谦敬,使者先请女方提出婚期,经女方推辞之后,再提出婚期,故称"请期"。《仪礼·士昏礼》说:"请期用雁。主人辞。宾许,告期,如纳征礼。"时至今日,举行结婚典礼的日期仍为民众所看重,往往要由男女双方再三磋商才能确定下来。

亲迎,俗称"迎亲",通常是男子亲自到女方家中迎亲,也有男家派遣迎亲队伍迎娶,新郎在家等候的。成婚之礼,是六礼中最后也是最隆重的,也是婚礼的开端。仪式在周代有记载,较为隆重和繁复。迎娶前,父亲向儿子新郎敬酒,携带新妇乘墨车,前面有人执烛引导,至女方家中。女子父亲迎入,行奠雁、受雁之礼。然后女方父母让女儿启程,在门外登车。新婿要先为她驾车,转动三圈车轮,叫做"御轮三周",再让驾车人赶车上路。新婿乘自己的车先回到自己家门外等候,等新妇到后,开启婚礼仪式。之后,历代均有不同形式的亲迎之礼,具体因时代、地区、民族而不同。迎亲一般用轿、马或者车,南方也有用船者。北朝亲迎中有催妆之俗,夫家百余人挟车,一同呼唤"新妇催出来",其声不绝,登车乃止。唐代迎娶新妇,用粟三升填臼,席一张盖井,果三斤塞窗,箭三支置户上。新娘上车,新郎要骑马绕车三匝。新妇入门,要先拜猪栏、灶头,再夫妇并拜或共同结镜钮。宋代其仪式更加繁复,有挂帐、催妆等俗,大都含有祈求吉祥的寓意。之后,明清多沿袭较多此俗。

亲迎

婚姻六礼,世代变迁

当然,婚姻六礼绝非一时而成,《左传》里记载了春秋时期王侯贵族间的聘妇、大婚,《诗经》也描写了当时的婚嫁习俗,如聘礼、送嫁、车马迎至、入门等,都可以与此对照。

至于请期用来定婚的日期,《诗经》中相应记载,仲春和秋

礼俗风尚——文明的光辉

冬均可,并无定期。亲迎的出发时间一般是在清晨,婚礼举行的时间一般定在黄昏,即所谓"昏以为期",这也就是"婚"字的由来。之所以安排在黄昏,一说是"掠夺婚"的遗迹,一说是婚姻乃阴礼的缘故。

问名牵涉年庚,即婚龄的问题。《周礼》说男子三十而娶,女子二十而嫁。但在先秦时期,变化较多。比如国君十二岁加冠,十五岁生子,春秋晚期时越国规定男二十岁、女十七岁必须婚嫁,也有说男十六岁、女十四岁生理成熟,可以婚嫁。可以说,婚龄所依据的乃是男女生理是否成熟,但从历史来看,各个时代国家政策、社会风俗都不尽相同。

和"六礼"这种庄重严肃的婚礼礼俗相对,春秋时期民间也存有自由择偶的风俗。《诗经·国风》记载,从"被文王之化"的《周南》《召南》到陈、齐、郑之地的民歌,都可以看到在周代民间青年男女的相互爱慕、思念,以及在一些节令游乐的歌舞场合约会、谈爱、定情的情景,这说明当时社会还存有原始时代任情狂放的遗风,并不为周礼所完全制约。

不过从文献来看,这种程度的自由觅偶也仅仅相当于议婚、定情,而定婚、成婚依然要经过"良媒",婚事仍然要"必告父母",是一种半自由的婚姻,婚姻当事人的自由度是很小的。如"娶妻如之何,匪媒不得""娶妻如之何,必告父母"(《齐风·南山》),即父母之命、媒妁之言对于娶妻来说是必需的环节。《孟子·滕文公》中也说到那种不待父母之命、媒妁之言,自作主张的幽会密期已为"父母国人"所不允许了。《周礼·地官》中就有"媒氏"一官,其主要任务就是"在仲春之月,令会男女"。

汉代的议婚,是由男方家派使者到女方家请婚,也有向女方的亲戚去说合的,也有女子自主的,但须得到父母的应允,私奔者会受到父母的责怨。择妇的条件有形貌、才德、门第、资材等;择婿主要看形貌、才德。这时的门第观念已经浓厚,以门第相当为主,普通士大夫与官宦结亲受到非议,因为在当时的人们看来,低门攀高门是想得到援助。

婚礼重财礼是从汉代开始突出起来的,这是秦以前所罕见的。如六礼中的纳采,皇室、官员家不再只限于用雁,纳征也不限于用玄纁、束帛、俪皮。皇室纳采增添了璧玉、马匹和酒。东汉郑众作《婚礼谒文》,开列了玄纁、羊、酒等以外的各种珍异物品,一共三十种,每一种都赋予了美好的象征意义。同时,还有用大量的金、银、绢帛的。据说汉初高后曾定制:聘皇后是黄金二百斤,马十二匹;聘夫人是黄金五十斤,马四匹。实际上后来远远超过此定制,有用到金三万斤,绢帛五万匹的。这是封建社会统治阶级上层炫耀财富、穷奢极侈之举。抛开古礼,在纯朴的婚嫁中加进了"买卖"的因素,开后世"财礼"和婚事奢侈的先河。

皇室穷奢极侈,官宦之家也紧随其后,东汉末董卓娶一个寡妇,用重车百乘装载聘礼,还有大量的钱帛、奴婢和马匹。社会上一般富家,如东汉鲍宣娶妻、马融嫁女,史载"装送资财甚盛",而贫家无力,只好"借贷币以聘"。

汉代民间的婚礼习俗,在古诗《孔雀东南飞》中有着十分生动而详细的描述。"县令遣媒来","不得便相许",这是行媒与辞议;后又"遣丞为媒人","阿母谢媒人",而"阿兄……谓阿妹……登即相许和,便可作婚姻",这是兄长做主许婚;接着媒人回报"言谈大有缘",府君"视历复开书,便利此月内,六合正相应",这是卜筮准备纳吉;而"交语速装束,络绎如浮云"一段,当是行聘礼和请期;下面"金车玉作轮,踯躅青骢马……"

一大段是备置丰厚的嫁妆和亲迎。由于是诗，用词有艺术加工的成分，但还是能见到其大致过程的。女方家虽是一般民户，但嫁妆却办得富丽豪华；男方家是县令，更是能"赍钱三百万""杂彩三百匹""从人四五百"来行亲迎之礼，也可见此时社会风气已经普遍讲究排场了。

东晋时，纳采礼始用书"版"，上写礼文、婿父名和纳采礼品，这是婚书的初始。即便是颇重汉族古制的北齐，其婚仪聘礼规格也开始不从古制，纳征用雁（古礼这一节不用雁），并用羊、酒，还有粮食等。皇太子娶亲还要用大玉璋、兽皮、锦六十匹、绢二百匹，除羔羊外另用羊四只、犊二头、酒黍等各十斛。亲迎用车马也按等级：皇（太）子百辆，一品官五十辆，二品、三品官三十辆……奢侈可见一斑。

宋代的婚礼，最大的变化是出现并礼的现象。虽然皇室婚礼依然是"六礼"，但是史志所载士庶的婚礼，已经并问名于纳采中，并请期于纳征中，就是将"六礼"合并为"四礼"，即纳采、纳吉、纳征、亲迎。南宋朱熹的《家礼》则更进一步将它合并为三礼：纳采、纳币、亲迎。不过宋代婚礼的排场要远比前代来得更大，其特点是财礼丰盛，迎娶时排场豪华；到南宋时，已经是花团锦簇、五光十色、笙歌悦耳、鼓乐喧嚣、大众欢欣的喜庆热闹场面了。

到了明代，皇室和品官还在按照规定的古制"六礼"行事，而民间则全用"三礼"了；至清代，朝野上下都用"三礼"了。清皇室用"三礼"，早在顺治年间就已议定，不过其中也融入了满族礼俗，如双方族亲宴饮，女方父母送嫁，纳采用"一九礼"，亲迎准备"九九礼"，以鞍马为先导。如公主出嫁，又称为"出降"，在指婚后，额驸家选择吉日向皇家行纳采礼，又称作"一九礼",《大清会典事例》中载,道光二十二年(1842年)之前,为"驮一、马八",后改为"羊九只",到了出降这天,额驸家在亲迎时准备"九九礼",一般为鞍马十八匹、甲胄十八副、马二十一匹、驮六匹、宴桌九十席、羊八十一只、乳酒和黄酒四十五瓶。

"六礼""三礼"仅仅指婚礼的主要段落,全过程的许多仪节在时间的推移中不断创新繁复,婚礼的合并只是删减了古礼,却为新俗的创立和兴起留出了位置。

正 婚 礼

明清时期开始,传统婚礼一般又可分成婚前礼、正婚礼和婚后礼三个阶段,前述婚仪六礼中除了亲迎之外的前五个部分,合称为婚前礼。传统婚礼最为热闹的还要数正婚礼阶段。正婚礼主要有铺房、撒谷豆、拜堂、撒帐、合卺、喜宴、闹房等习俗,但因时代不同、地域不同、民族不同呈现出不同的形式。

铺房求全福

铺房,就是婚礼举行前夕布置装饰新房,是婚礼的序幕,通常由女方亲友进行,近代又往往结合送嫁妆一同完成。据文献记载,这项婚礼习俗至迟于宋代已经十分流行。北宋司马光的《司马氏书仪》卷三《亲迎》记载:亲迎的前一天,女方家要派人到男方家里布置新房,这一习俗称为铺床。床榻、荐

席、椅桌之类的物件,由男方家里准备;而毡褥、帐幔、衾裯之类的,则由女方家来准备。

南宋吴自牧的《梦粱录·嫁娶》也有类似的记录:(亲迎)前一日,女方家先往男方家铺房,挂帐幔,铺设房奁器具、珠宝首饰等物,请一位至亲来负责铺房,同时又以亲信妇人和从嫁的丫环在房中看守,不允许外人随便进入新房。一直等到新人进洞房以后,才允许别人进入。

此俗一直沿袭至今。在有些地区,铺房虽仅是布置新房、铺陈床铺,但也讲究由父母、丈夫及儿女双全的"全福"妇女来操作,意在趋吉祈福。

与铺房相联系的还有送嫁妆习俗。女子出嫁,娘家陪送过去的衣被、首饰、用具统称为嫁妆,又称"妆奁""添箱"。魏晋时期置办的嫁妆还比较简朴,仅指女子梳妆用的镜、匣等物。庾信的《镜赋》曰:"暂设妆奁,还抽镜屉。"即先摆开梳妆的脂粉奁匣,接着抽出折叠了的菱花镜屉,所描写的内容正是新娘的嫁妆。

后世在嫁妆上逐渐开始讲究排场,把嫁妆看作女子身价、门第的象征,嫁妆逐渐趋向丰厚。胡朴安的《中华全国风俗志》中描述江苏地区的习俗:婚期前几日,女方家前去男方家里铺房。除床外,木器皆女方家置办,帐幔、铺盖必须双数,谓之两铺两盖。而家庭豪富的女方,更有四铺四盖、八铺八盖。铜锡瓷器若干抬,大红箱若干对。房屋陈设必须豪华,首饰衣服,悉数不尽。当然,如此嫁妆,不免流于铺张浪费。

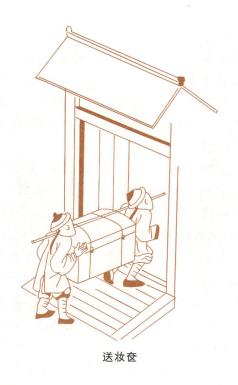

送妆奁

祈福撒谷豆

撒谷豆习俗始于汉代,宋代高承的《事物纪原》记载:"汉世京房之女适翼奉子。奉择日迎之,房以其日不吉,以三煞在门故也。三煞者,请青羊、乌鸡、青牛之神也。凡是三者在门,新人不得入,犯之损尊长及无子。奉以谓不然。妇将至门,但以谷豆与草禳之,则三煞自避,新人可入也。自是以来,凡嫁娶者,皆置草于门阃内,下车则撒谷豆。"故事讲的是汉代京房

嫁女与翼奉之子,男方家选择的亲迎日期,京房认为不吉利,有青羊、乌鸡、青牛三种煞神在门,新人不能进门,否则会犯煞,损害长辈且不能生子。翼奉不以为然,还是把婚礼定在这个日期。但在新妇进门时,抛撒谷豆和杂草,就攘除了"三煞"。这本是一种迷信,但撒谷豆的习俗却从此流传下来,后世还变化出多种形式。

至宋代,撒的不仅是谷豆,兼撒钱、果,如《梦粱录·嫁娶》中记载,新妇进门的时候,要请专门的"克择官"手拿花斗,花斗中装满五谷、钱、彩果,望门而撒,引来小孩子们争抢。

近代陕西关中地区,用提斗盛麸皮、谷草秆、核桃、红枣等撒向刚下轿的新妇,名为"撒草",亦属此俗遗风,但其本来的避煞驱邪寓意已淡化,转为祈吉祝福。正如撒草歌所唱:"一撒麸,二撒料,三撒新媳妇下了轿;一撒金,二撒银,三撒新媳妇进了门;新媳妇,好脚手,走路好像风摆柳;今年娶,明年抓,生下个胖娃叫大大。"

如今,撒谷豆已演变为向新婚夫妇撒五彩纸屑以示祝福。

新人齐拜堂

拜堂,是指新郎新娘参拜天地、祖宗和父母公婆的仪节,这一习俗据说起源于唐代。据《封氏闻见记》记载,唐代从上层到民间都实行此仪礼。如唐代诗人王建的《失钗怨》诗句:"双杯行酒六亲喜,我家新妇宜拜堂。"按传统婚俗,拜堂之后即成夫妇,为社会所承认。因而,拜堂是婚礼诸仪式中的大礼。拜堂又称"拜天地"或"拜花堂",是婚礼过程中最重要的仪式和高潮,通常是新婚夫妇同拜天地和互拜。

拜堂

拜堂时还要"牵巾",把彩缎挽成一个象征夫妻恩爱的同心结,新郎新娘各执一端,然后行拜堂之礼。拜堂之礼一般为三拜,即"一拜天地,二拜高堂,三是夫妻对拜"。这个习俗在今人的婚礼仪式中还能看得到。随后就是揭盖头仪式,又称"挑盖头""挑头巾"。据《通典》记载,汉魏时因故不能成礼的,用方巾蒙住新娘之首送往夫家,新郎挑去方巾,即可成亲。至唐末,拜堂已成为婚礼上普遍采用的一个礼节性仪式了。《梦粱录·嫁娶》说,娶亲时两位新人并立在堂前,请男方家里儿女双全的女亲,用秤杆或用机杼挑起盖头。明清相沿成习,新娘出嫁,多用红巾盖脸,拜堂后,或在入洞房后,由新郎或婆婆将盖头挑下。各地民间的习俗有所不同:辽宁一带用秤杆挑,取意"称心如意";浙江宁波一带则由一福命妇人用秤杆轻叩新娘头部,再用秤尾去挑盖头,暗示新娘做事要"掂斤两""有分寸";湖南祁东一带往往是由婆婆用红纸包箍的两把筷子去拨开盖头,取意"快快生子";江苏南部地区流行的做法是用红绸包扎的甘蔗去挑,取意"节节高""日子甜甜蜜蜜"。

撒帐为求子

撒帐,是我国民间婚礼中的一项传统礼俗,主要是指新婚夫妇交拜之后或坐帐之际,向帐内撒掷金钱、彩果的祈福仪式。需要注意的是,撒帐与前面提到的"撒谷豆"并非一事。

撒帐相传始于汉武帝时的婚仪。据清代顾张思的《土风录》卷二引《汉武帝内传》载:武帝与李夫人共坐帐中,宫人遥撒五色同心果,武帝和李夫人用衣裾接着,接到的五色同心果越多,将来生的儿子便越多。这一习俗从此便历代相承。《东京梦华录·娶妇》也有记载:新婚男女相互礼拜之后,坐到床边,女向左,男向右坐,前来贺婚的女眷用金钱、彩果撒掷,称之为撒帐。撒帐时要念诵撒帐喜歌,今天在全国很多地区仍广泛流行的以枣、栗撒帐的撒帐歌:"一把栗子一把枣,小的跟着大的跑";或"一把栗子一把枣,明年生个大胖小",皆谐音取"早立子"的口彩祈福。

最常见的也是沿用最久的撒帐物是体积较小的各色干果与种子,汉代人使用"五色同心花果"作为撒帐物,宋朝时则采用"彩果"。这些干果之所以会被人们选定为撒帐物品,一是因为这些干果的名称中常带有"子"字,人们认为这与"生子"密切联系;二是这些干果中的大部分既是果实,又是种子,具有强大的繁殖能力,人们认为通过抛撒这些拥有强大生命力、繁殖力的种子,寓示着新婚夫妇可以顺利地传宗接代。因此,人们常常会选用一些农作物的种子来充当撒帐物,如安徽砀山民间撒帐选用棉籽、花生;湖北鄂州选用黄豆、大米。

唐代开始出现撒帐钱。这是一种专为撒帐铸造的钱币,上面常铸有"长命富贵""吉祥如意"的图案字样,最早出现在唐代的皇室婚礼中。宋代这种起先用于王侯之家婚嫁的撒帐钱开始流行于民间。《东京梦华录·娶妇》中载"妇女以金钱彩果散掷",记述了当时用撒帐钱的习俗。人们使用金钱作为撒帐物主要出自求富心理,金钱被认为可以通神役鬼,人们相信在婚礼上抛撒这种特制的撒帐钱,可以起到贿赂鬼神,使之不危害新人,又能祈福求富的双重作用。

撒帐钱

合卺同心酒

合卺,又称"交杯""合瓢""饮同心酒",即新婚夫妇合饮交杯酒(同心酒)的仪式,象征夫妇合体相亲。此礼仪始于周代,从《礼记·昏义》的记载看,"合卺"在春秋时代就已经流行,具体方式是:将一个葫芦剖为两个瓢,用一根线系住两个瓢的柄

端,合起来依然是个完整的葫芦,故名合卺。新郎新娘进入洞房后,各执此物的一半饮酒漱口,叫"合卺而酳",象征夫妇二人婚后能合体相亲。

在《礼记·昏义》中还提到了"共牢而食","牢"是祭祀用的牛羊猪,"共牢"是指新婚夫妻共食一块祭祀用的肉,表示合为一体。"共牢"仪式后来逐渐消失了,而"合卺"仪式却保留了下来。

合卺在唐宋时期衍变为饮交杯酒,在仪式名称上又称为"合欢杯""交杯酒"。唐代黄滔的《催妆》中有诗句:"烟树迥垂连蒂杏,彩童交捧合欢杯。"《东京梦华录·娶妇》中说将两个酒盏用彩结连在一起,新人互饮一盏,称为交杯酒。

合卺

宋代王得臣在《麈史》中说:"古者,婚礼合卺,以双杯彩丝连足,夫妇传饮,谓之交杯。媒氏祝之,掷杯于地,验其俯仰,以为男女多寡之卜,媒即怀之而去。"这里王得臣说道,在合卺的仪式之后,由媒人说着祝辞将新人合卺用过的酒杯投掷到地上,看酒杯的仰俯,认为这可以占卜出新人将来是生男还是生女。近代以来,很多地区已不再有"掷杯"的习俗。新婚男女入洞房喝过交杯酒后,由长辈中的女性将两个酒杯一仰一覆放置在婚床下,说一句祝辞:"一仰一合,天造地设;白头偕老,吉顺和睦。"然后笑吟吟地离房而去。

合卺在明清时期同样流行。《明史》记载皇太子娶妃的时候要行合卺礼,《清史稿》同样有此类记载。明清时期,合卺礼依然是皇室贵族婚礼中除拜堂以外的一项重要仪式,不过民间的称呼则是以"交杯酒"为多。

事实上,世界范围内的许多民族在婚礼仪式上都有新人饮交杯酒的仪节。时下我国各地的婚礼仪式中也大多保持着这种做法,其中包含浓厚的祝福意味。

喜宴待贵宾

喜宴即婚礼中的庆贺筵席,今俗称喜酒。从古至今,各种喜庆活动多有酒筵相伴,被视为人生大礼的婚礼自然不例外。明代话本《醒世恒言·钱秀才错占凤凰俦》中的高赞结婚时"准备大开筵席,遍请远近亲邻吃喜酒",说的即婚礼宴席。婚礼大喜,设宴款待前来贺喜的亲朋好友,亦是常例。

喜宴习俗一直绵延至今,没有中断。陕北农村,有"一家有喜,全村出动"的习俗。筵席如果在屋里摆不下,就在露天摆设,场院、街巷,一片欢腾。在甘肃中部地区,婚礼的喜宴至少要延续几天,从正婚礼前一天的请客席,正婚礼当天的主宴席,一直到婚后礼上的答谢席,都有明确的主题和规定的程式,还有专门的人来主持。喜宴习俗表现出人们对婚姻礼仪、

仪式的高度重视,表明了婚姻在人一生中的重要性,也是希望通过严格的程式与规范的仪式,给婚礼的参与者留下深刻的印象,为新人的婚后生活创设一个良好环境。

喜宴

闹房谑新人

闹洞房是我国婚姻礼俗中一个重要的组成部分,兴起于汉代。葛洪的《抱朴子》记载:"俗间有戏妇之法,于稠众之中,亲属之前,问以丑言。"表明从汉代开始,人们在新婚的时候就有了在大庭广众之下戏弄新娘的习俗。闹房有文闹和武闹两种。

在新房里对诗、对唱、互相考问属文闹。文闹在文人雅士中相当流行,相传诸葛亮与黄氏新婚之时就大摆八卦阵,让对方破解。在民众中文闹也颇为盛行,山西晋南就有让新娘说绕口令的,如《偷娃娃》:"七里胡同八里道,转过弯,娘娘庙。娘娘庙,盖得高,四个角,拿砖包。进庙门,绊一跤,桌子底下把娃掏。要下娃,要能写会算的,不要西北山里卖炭的。要下女,要能描会剪的,不要歪鼻子瞪眼的。"

　　武闹则是以种种恶作剧的方式折腾新人,而且新娘、新郎不能拒绝,但常常闹出格,甚至闹出人命。汉代汝南张妙去会朋友杜士,正逢杜士娶妻,于是酒后相戏,竟把杜士捆绑起来,捶打二十下,又将其倒吊着而致其死亡。东晋此俗继续流行,一遇婚礼,人们除了吊打新婿之外,便是戏谑新妇,用一些鄙俚的语言进行诘问,催促回答;有时把新郎哄走,众人对新妇争相戏谑,叫作"谑亲",或揭开她的下衣用针刺皮肤,或脱掉她的鞋子量脚的大小。南北朝时期,北方也流行"弄婿法""谑郎"之类风俗。甚至北齐皇帝高洋在娶妃子时,新妇的姐姐竟然以"弄婿法"戏弄高洋。还有一种方式是"打婿",当新婿到女家迎娶亲时,女家一群亲宾、妇女齐集,各人拿起棍子以打婿为乐,也有造成损伤的。这种闹房、谑亲的过度泛滥,当时已为社会人士所指斥。仲长统在《昌言》中指出:"今嫁娶之会,桎杖以督之戏谑,酒醴以趣之情欲……污风诡俗,生淫长奸,不可不断者也。"

　　闹房的另外一种形式——偷听新房,也在汉代流行。东汉马融之女嫁与袁隗,新婚之夜,帐外就有人偷听他们的洞房对话,幸而新人说的都是一些高雅的内容,如要仿效梁鸿与孟光的德行,结果使"帐外听者为惭"。这是为正史所记载的,可见偷听新房之俗在当时是很普遍的。近代以来,闹洞房形式多有变化,但仍常见。

礼俗风尚——文明的光辉

婚　后　礼

　　拜舅姑是成婚次日或第三日新妇拜见公婆的仪式,始于周代。《仪礼·士昏礼》所说的"夙兴,妇沐浴,纚笄,宵衣以俟见",意为新婚的第二天,新妇要洗漱完毕,打扮一新去拜见公婆。《礼记·檀弓下》也说新妇要把自己打扮得漂漂亮亮,否则是不适宜见公婆的。在古代,新妇拜舅姑是其正式为夫家宗族所接受、确认其成为本家族成员的一种庄严仪式,所以十分认真。唐代朱庆余的《近试上张水部》诗云"洞房昨夜停红烛,待晓堂前拜舅姑。妆罢低声问夫婿,画眉深浅入时无?"即以拜舅姑来隐寓其恭求水部员外郎张籍荐引,朱氏亦因此诗名声大噪。

　　清代,北方许多地方多于婚后三日拜舅姑及亲属,名为"分大小"。康熙《直隶通州志》载,新妇在婚后第三天,要拜见自己的公公婆婆、叔伯兄弟,名曰"分大小"。《泰州志》亦载三日拜见公婆,还要到家庙中祭拜。如今,拜舅姑、分大小之类仪式,于现代婚礼中已经不存,而是融入了婚宴敬烟敬酒认亲和成婚当晚全家吃团圆饭。

　　回门,又称"谢门",指新婚夫妇于婚后首次至女方家问安、示谢,同时新婿拜认女方亲属。新婚夫妻双双回到女方家,对于女婿来说,主要是拜见岳父母,表达自己的感谢之意、感激之情;对于女儿,则有出嫁之后依然不忘父母养育之恩的意思。

回门时间,为婚后三五日或一个月,因地区、时代及路途远近而异,回门是传统婚礼的最后一项仪式。据汉代何休的《春秋公羊解诂》记载,远在春秋时期,已有此礼仪。宋代称作"拜门礼",如《梦粱录·嫁娶》所载:新人在婚后第三日或第七日、第九日,前往新妇家行拜门礼。女方家当天要大摆宴席,款待新婿。康熙《常州府志》亦载"结婚弥月,婿妇皆往拜女父母,谓之回门"。这种回门礼俗绵延至今,不管是城市还是农村,各地仍广为流传。

回门

传统婚俗的现代启示

　　婚姻是人际关系的重要形式之一。在中国古代,婚姻是

两姓家族间的交换行为,其决定权主要掌握在家族尊长手中,即所谓的"父母之命,媒妁之言"。婚姻在人际关系上的意义有两个方面:一是为了缔结两姓家族的同盟关系,扩大家族势力;二是为了传宗接代,侍奉父母。

婚姻是男女结合繁育新生命,人类进行自身再生产过程的主要形式,同时也是社会文化、礼仪、习俗通过家庭教育得以承续,使得人类文化遗产得以永续利用的重要途径。婚姻是为了繁衍后代,维持人类自身的生存与发展,即所谓的"将和二姓之好,上以事宗庙,而下以继后世也"(《礼记·昏义》)。

婚姻礼俗则是反映这种关系的有关礼仪、观念、仪式、习俗的总和。最初的婚俗大约始于原始社会末期,从相传始于伏羲时代的定婚"以俪皮为礼"逐渐演进,到夏商时的"亲迎于堂",再到周代所具备的完整的"六礼",初步奠定了我国传统婚礼的基础。

古代婚姻六礼,奠定了传统社会里婚礼的基本模式,不过历史上对于婚姻礼仪、仪式的"损益"和衍变则从来没有停止过。比如朱熹就把"六礼"压缩为"四礼"。在具体仪节上更是如此,往往是旧的礼节性仪式不知不觉消失,新的礼节性仪式随时随地又会冒出来,如"撒帐""拜堂""交杯酒"等等。但不论婚姻礼俗形式如何变化,始终不变的是,每一种婚姻礼仪都满含着人们对新人婚姻生活幸福的祝愿。

四 日常礼俗：
优雅与从容

中国传统文化历来重视日常礼俗。孔子言"文质彬彬，然后君子"，指的就是将内在的修养与外在的仪态很好地结合起来，才称得上是君子。当然，每个人既不希望自己在日常生活中成为无所适从、谨小慎微的"正人君子"，也不希望自己成为粗枝大叶、粗鄙不文的"俗人"，自然更不愿意自己是放浪形骸、到处出乖露丑的"痞子"。但同时，个人在日常礼俗方面如果过于拘泥，则会适得其反。"狎甚则相简，庄甚则不亲"强调的是人在日常礼俗方面应该遵循"中庸"的原则，亲昵过分就相互怠慢，庄重过分就不够亲切。在日常交往中应该以和谐友善的方式，互帮互助，互利互信，从而构建和谐而富有温情的人际关系。

礼俗风尚——文明的光辉

坐卧起居

中国古代日常礼俗主要体现在个人日常生活当中的坐立行走、言谈举止上。传统道德认为,有美好的仪表、仪态,举止庄重,进退有礼,不仅能够保持个人的威严而赢得他人的尊重,更能有助于个人道德境界的提高,还会对社会产生积极的影响。同时,内在的德行是这一切的根本,只有怀有诚敬之心,才会有个人的庄重、恭谨之色,修养存于内,才能显于外,即所谓的"文质彬彬,然后君子"。

古人要求"立如齐""立不中门"(《礼记·曲礼上》),是说站立时必须取立正姿势,而且不能站在门中间,强调的正是在日常起居中应该保持一种符合礼仪的姿态。

坐姿仪态

席地而坐是古人的起居习俗,其由来已久,远在商周时期就已如此,并一直延续至唐代。所谓席地而坐,就是在地上铺张席子坐在上面。古人坐的姿势是两膝着地,两脚脚背朝下,臀部落在脚踵上。如果臀部抬起上身挺直,就叫跽,又称长跪,是将要站起来的准备姿势,也是对别人表示尊敬的姿态。《论语·先进》记载曾皙见到老师孔子,即"舍瑟而作",就是指他放下瑟,从席地而坐到耸身直腰(与长跪姿势相同），以示恭敬。

跪坐

在日常生活中，古人很注重保持自己的体态端庄稳重。古人为了确保坐姿的正确优美，在正式社交场合，即使背后有依靠，也不能随意把头向后倾靠，以免显得懒散。即所谓"维坐容，背欲直，貌端庄，手拱膺。仰为骄，俯为戚。毋箕以踞敬以侧，坚静若山乃恒德"（《幼仪杂箴》）。这是要求人们在端坐时，要脊背挺直，外貌端庄，双手相合于胸前；仰面为傲慢，俯首为悲伤；不要张开双腿坐，不要斜身倚坐；坚定镇静像山那样，才是恒久之德。

古人要求"坐毋箕"（《礼记·曲礼上》），就是落座后两脚不要分得太开，女性这样坐尤为不雅。同时坐时还不能"交胫摇足"，即双腿交叠或者晃腿摇足都被认为是缺乏教养的不雅坐姿。箕踞是一种比较随意的坐法，其姿势为两腿分开平伸，上

身与腿成直角,形似簸箕。如有他人在场而取箕踞的坐姿,是对对方的极度不尊重。《史记·刺客列传》记载荆轲刺秦王未遂,自知行刺之事失败了,于是倚柱而笑,箕踞以骂,反映了荆轲对秦王的蔑视。陈寿在《三国志》中亦记载三国时期的大臣简雍,在与刘备同坐时"犹箕踞倾倚,威仪不肃"。汉太祖高皇帝刘邦不拘礼节,平日亦箕踞而坐,即便面对女婿时,也不改变。这种坐姿,古人认为极其不雅。"坐姿"是一门学问,须依礼仪规范。

箕踞

古人所坐之席一般分为"筵"与"席"两种。"筵"是用竹子编织成的竹席,形制较大,是为了隔开土地,保持地面清洁而铺设的,一般只铺一层。"席"多是用蒲草编制的,呈长方形,置于筵上,是为了隔潮而垫坐在身下,故可铺几重。《礼记·礼器》说,"天子之席五重",而诸侯用三重,大夫两重。贫苦人家可以无席铺垫;对于贵族来说,居必有席,否则就是违礼。

坐席有许多讲究。如《礼记》规定："父子不同席""男女不同席""有丧者专席而坐"。另外,还要求"席不正不坐"(《论语·乡党》)。所谓正,是指席子的四边应与墙壁平行。强调席正,是为了表示庄重。《礼记·曲礼上》载有"为人子者……坐不中席"。古代一席坐四人,共坐时席端为尊者之位,独坐时则以中为尊,故卑者不能居中,既为人子即使独坐也只能靠边。如果有五人以上相聚,则应把长者安置于另外的席上,称为"异席"。在长者面前,要留意"长者立,幼勿坐,长者坐,命乃坐"(《弟子规》),处处要守住长幼有序的原则,才是懂礼之人。另外,尊长者入内时幼者如果已经坐在席上,为对尊长者表示谦恭就要让席。

唐宋以后,桌椅开始进入人们的生活,席地起居的习惯逐步有所改变,但是其中的一些礼俗还是保留了下来。

座次秩序

古代座次尊卑有别,在大多数时候,古人尚右,以右为尊。古代房屋结构一般都是坐北朝南,有堂有室。在堂内和室内活动时座次安排有所区别。

室内座次以西边(面向东)为最尊,其次为坐北朝南,再次为坐南朝北,东边的位置最卑。杨树达在《秦汉座次尊卑考》中指出:"秦汉座次,自天子南面不计外,东向(坐西朝东)最尊,南面(坐北朝南)次之,西面(坐东朝西)又次之,北面(坐南朝北)最卑,其俗盖承自战国。"《史记·项羽本纪》记载了项羽在军帐中举行"鸿门宴"的座次,其与室内的尊卑次序是完全一致的:"项王、项伯东向坐。亚夫南向坐,亚夫者,范增也。

沛公北向坐,张良西向侍。"项羽妄自尊大,当然要居最尊贵的座位;项伯是项羽的叔父,项羽不能让叔父坐在低于自己的位置上,只好让他跟自己同坐;范增南向坐,而刘邦北向坐,说明刘邦在项羽眼里的地位还不如自己的谋士;张良是刘邦的下属,当然地位更低,只能在东边陪坐。这种以座位次序显示尊卑高下的礼俗,普及至社会的各个阶层,一直在古代社会流行,并相沿到近现代。

在堂内活动时,座次是坐北向南为尊。如果在堂上进行礼节性活动,座位就是"以南向为尊"了。而且西向位往往也比东向位尊。如《乡饮酒礼》中的堂上的席位,宾席在户牖间,宾南向坐;介(副宾)席在西序前,介东向坐;主人在东序前,西向而坐。实际上,宾和主人的座次都比介的座次为尊。

《礼记·曲礼上》又说:"席南乡北乡,以西方为上;东乡西乡,以南方位上。"这里的"乡"意即"向",南北走向的席子,其尊位在坐西面东,而东西走向的席子,其尊位当然是坐北向南了。这指出了不同场合下座次秩序是有差异的。把东面和南面位置留给尊者,是因为中国人认为日出之向为东,日落之向为西,太阳正射之向为南,背阳之向为北。根据太阳确定四方,东和南都有新生、光明、温暖的特点,因此这两个方位的位置比较好。但不论是哪种座次方式,传统座次秩序的安排上都体现了尊亲、尊老的传统。

行走仪态

在行走过程中同样要注意人际关系的处理,因此有行走的礼节。古代常行"趋礼",即地位低的人在地位高的人面前走过时，一定要低头弯腰，以小步快走的方式对尊者表示礼敬，这就是"趋礼"。行走礼仪中，还有"行不中道，立不中门"的原则，即走路不可走在路中间，应该靠边行走；站立不可站在门中间，这样既表示对尊者的礼敬，又可避让行人。

在很多场合，卑者、晚辈、主人要按照礼法的规定，用"趋"，即低头弯腰、小步快走的方式向尊者、长辈、宾客表示恭敬。《论语·乡党》载，一次孔子应鲁君命令去接待外邦贵宾，他神色庄重，不但拱手弯腰，而且"趋进，翼如也"，意思是快步前行，宽大的袖子飘起来，像鸟儿舒展开来的翅膀似的。这是宾礼中的趋礼。另一次，孔子去朝见鲁君，上殿跪拜如仪之后，"没阶"（走下整个台阶），又"趋进，翼如也"，再退归班位。这是朝拜时的趋礼。《史记·叔孙通列传》记载了汉高祖刘邦当皇帝后，叔孙通制定礼仪标准，规范群臣行为，教习礼仪的事迹，百官依照朝仪礼节群"趋"的情况也有所记录。朝拜的趋礼沿袭到清发展为臣下朝见王侯时都要放下马蹄袖，快走数步并跪下参拜。

趋礼也是古人日常生活中常用的一种传统礼节。《论语·子罕》载，孔子会见穿丧服、着冕服（大夫服装）的人及盲人时，即使年龄比自己小，也要从座位上站起来；走过他们时，则要急步快行以示礼貌。另外，晚辈从长辈面前走过也要"趋"。《论语·季氏》记载了孔鲤曾两次"趋而过庭"的事，这是因为其父孔子此时正独立于庭中。至今老友相见，或迎接客人，也往往会快步走向对方，握手问候，以示热情欢迎，亦属于"趋"的遗风。

《礼记·曲礼上》说："堂上接武，堂下布武。室中不翔。""武"即足迹，"接武"指向前迈的一只脚的脚跟在紧挨着后一

只脚脚尖处落地,也就是脚印一个接一个;"布"即散布、分布,"布武"指足迹不相连接。堂上面积小,走路不能迈大步,要用小碎步;堂下地方大,不必有所顾虑,可以用大步。"翔"的本义是飞翔,这里是比喻的说法,意思是在室内走路时臂的摆动要小,不要像鸟飞那样挥动双臂,这也是因为室内空间小,走路时如果张开双臂摆动,则会碰到别人。这些礼俗的规定是跟室内、堂上、堂下的空间状况相适应的。

饮 食 成 礼

古人认为礼俗与人们日常的饮食生活有着非常密切的关系,《礼记·礼运》云:"夫礼之初,始诸饮食。"《周易·序卦传》也说过:"物畜然后有礼。"古人认为原始的礼俗,是在人们的食物丰富以后,从人们的饮食习惯开始的。《管子·牧民》中也说:"仓廪实而知礼节,衣食足而知荣辱。"粮仓充足,丰衣足食,才能顾及礼仪,重视荣誉和耻辱。礼俗的产生是以一定的物质条件作为基础的,作为传统礼仪中的重要组成部分的饮食礼仪,亦是随着社会发展而逐渐形成的。

最早的饮食礼仪与祭祀仪式相关。古代社会一般平民生活资源有限,平日以蔬果佐食,只有在祭祀或庆典时,才得食肉。因此,孟子认为"七十者可以食肉",承载的是古人对于理想社会的一种直接体现,也体现了尊老养老的习俗。《礼记·乡饮酒义》说:"六十者三豆("豆"是当时盛食物的容器),七十者四豆，八十者五豆，九十者六豆，所以明养老也。"乡饮酒礼是乡人聚会饮酒之礼，此种宴会，主要是乡大夫做主人设宴，向国家推荐贤者，或是地方官设宴招待应举之人。宴会上最为恭敬的长者，能享受六盘菜的礼遇，体现的是社会的尊老养老的习俗，通过一种普及面较广的实践活动，达到序长幼、别贵贱的德治教化目的。

在饮食活动过程中，在陈设菜肴时，古人也要遵循一定的礼仪规则。《礼记·曲礼上》中指出，凡是陈设餐食，带骨的菜肴须放在左边，切好的纯肉放在右边；饭食靠着人的左手方，羹汤放在右手方；细切和烧烤的肉类放远点，醋和酱类放在近处；葱等伴料放在旁边；酒和汤放在同一方向；凡是用五味调和的菜肴，上菜时，要用右手握持，而托捧于左手上。《礼记·少仪》中还有鱼肴摆设方式的详细记载，上鱼肴时，如果是烧鱼，以鱼尾向着宾客；冬天鱼肚向着宾客的右方，夏天鱼脊向宾客右方。

古人在用饭过程中，也有一套礼俗。《礼记·曲礼上》载："共食不饱，共饭不泽手，毋抟饭，毋放饭，毋流歠，毋咤食，毋啮骨。毋反鱼肉，毋投与狗骨。毋固获，毋扬饭，饭黍毋以箸，毋絮羹，毋刺齿，毋歠醢。客絮羹，主人辞不能烹。客歠醢，主人辞以窭。濡肉齿决，干肉不齿决。毋嘬炙。卒食，客自前跪，撤饭齐以授相者，主人兴，辞于客，然后客坐。"这段话的大意是说：大家共同吃饭时，不可只顾自己吃饱。如果和别人一起吃饭，就要检查手是否干净。不要用手搓饭团，不要把吃剩的饭放回锅中，不要喝得满嘴汁水淋漓，不要吃得"啧啧"作声，不要啃骨头，不要把咬过的鱼肉又放回盘碗里，不要把肉骨头扔给狗。不要专据食物，也不要簸扬热饭，吃黍蒸的饭用

手而不用箸,不可以大口囫囵地喝汤,也不要当着主人的面调和菜汤。不要当众剔牙齿,也不要喝用来蘸食物吃的肉酱。当然,如果有客人在调和菜汤,主人就要道歉,说是烹调得不好;如果客人喝了酱类的食品,主人也要道歉,说是备办的食物不够。湿软的肉可以用牙齿咬断,干肉就得用手分食。吃炙肉不要撮作一把来嚼。吃饭完毕,客人应起身向前收拾桌上的碗碟交给旁边伺候的主人,主人跟着起身,请客人不要劳动,然后客人再坐下。

如果是和长者在一起吃饭,更要注意规矩,《礼记·少仪》云:"燕侍食于君子,则先饭而后已,毋放饭,毋流歠。小饭而亟之,数噍毋为口容。"大意为:与尊长一起吃饭时,先奉尊长食,同时要等尊长吃完了才停止;同时,吃饭时不要落得满桌是饭,流得满桌是汤,要小口地吃,快点吞下,咀嚼要快,不要把饭留在颊间咀嚼。

在宴席上饮酒也有许多礼节,儒家讲究"酒德"两字。酒德两字,最早见于《尚书》和《诗经》,其含义是说饮酒者要有德行,不能像夏纣王那样"颠覆厥德,荒湛于酒",德行败坏,沉湎酒色,醉醺醺。《尚书·酒诰》集中体现了儒家的酒德,就是:"饮唯祀"(只有在祭祀时才能饮酒);"无彝酒"(不要经常饮酒,平常少饮酒,以节约粮食,只有在有病时才宜饮酒);"执群饮"(禁止民众聚众饮酒);"禁沉湎"(禁止饮酒过度)。儒家并不反对饮酒,只因当时酒多为粮食所酿,所以多要求饮酒有度。但可以用酒祭祀敬神、养老奉宾,都是德行。

刘义庆的《世说新语》中有这样一则小故事:钟毓和钟会在幼年时,一次,他们都以为父亲睡着了,遂邀约偷酒喝。其实父亲并未熟睡,不过是想窥视他们兄弟二人偷喝酒的情形。

父亲发现，钟毓喝酒，"拜而后饮"，钟会则"饮而不拜"。于是各问其缘由。钟毓说："酒以成礼，不敢不拜。"而钟会则说："偷本非礼，所以不拜。"这个典故很有趣，说明古人饮酒时要讲究一定的礼节。这种礼节使人们在观念上认为饮酒成为一种庄重的活动、一种仪式，不能失礼。

钟氏兄弟偷饮酒

饮酒作为一种饮食文化，在古代就形成了一种大家必须遵守的礼节。我国古代饮酒有以下一些礼节：

古代饮酒的礼仪通常有四步:拜、祭、啐、卒爵。就是先做出拜的动作,表示敬意;接着把酒倒出一点在地上,祭谢大地生养之德;然后尝尝酒味,并加以赞扬令主人高兴;最后仰杯饮尽。

主人和宾客一起饮酒时,要相互跪拜。晚辈在长辈面前饮酒,叫侍饮,通常要先行跪拜礼,然后坐入次席。长辈命晚辈饮酒,晚辈才可举杯;长辈酒杯中的酒尚未饮完,晚辈也不能先饮尽。

在酒宴上,主人要向客人敬酒,这叫酬;客人要回敬主人,这叫酢,敬酒时还要说上几句敬酒辞。客人相互之间也可敬酒,这叫旅酬。有时还要依次向人敬酒,这叫行酒。敬酒时,敬酒的人和被敬酒的人都要"避席"起立。普通敬酒以三杯为度。客人需在主人举杯劝饮之后,方可饮用。所谓"与人同饮,莫先起觞"。客人如果要表达对主人盛情款待的谢意,也可在宴饮的中间举杯向主人敬酒。

以上是我国古代一整套的饮食礼节,它要求社会不同阶层的人们都得遵照礼的规定去从事饮食活动,以保证上下有礼,从而达到"贵贱不相逾"的社会秩序。这套饮食礼俗对后世产生了极大的影响,由于日常生活和交际的需要,饮食生活中的礼俗进一步固定下来。

可以说,中国传统礼俗不仅体现在重大活动的典礼当中,更渗透到人们日常生活尤其是家庭生活中的方方面面。在生活方式上,传统礼俗要求人们做到"衣服有制,宫室有度,人徒有数,丧祭械用,皆有等宜"(《荀子·王制》)。也就是说,每一个社会成员从穿衣、饮食到起居、言谈,都必须遵循一定的礼仪规范。这些礼俗体现了中国人文质彬彬、从容恬静的精神风貌。古人在评论别人时常用"风度",所指的其实就是日常生活中所展现出来的仪态之美,也就是今天人们常说的"行为美"。

君子正衣冠

衣冠服饰不仅有御寒遮体及装饰的作用,而且也反映着古人的文化和价值的观念。古代的中国,有"礼仪之邦"和"衣冠王国"的称誉,反映了衣冠及礼俗文明的一个重要表现特征。在古代社会,衣冠服饰又与人们的社会身份相关联,成为社会身份的一个重要标志。

古人认为,衣冠楚楚、文质彬彬是体现一个人的修养和身份之所在。孔子说:"见人不可以不饰,不饰无貌,无貌不敬,不敬无礼,无礼不立。"(《孔子集语》)孔子认为会见客人一定要打扮得体面一些,不打扮就没有好的仪表,没有好的仪表就是对客人的不尊敬,不尊敬客人就是不讲礼仪,不讲礼仪的人就难以在世上立足。孔子把正确的穿着提高到了能否立足于社会的高度来看待。后世的不少"家训"里也常要人做到"冠必正,纽必结,袜与履,俱紧切"(李毓秀《弟子规》),即要求孩童要注重服装仪容的整齐清洁,戴帽子要戴端正,衣服扣子要扣好,袜子要穿平整,鞋带应系紧。

早在周代"制礼作乐"开始,就有所谓"礼经三百,威仪三千"之说,从礼法、礼教、礼仪到礼器、礼服、礼物等,无一不与

礼有关,并影响到生活的各个方面。在服饰方面,古人也制定了非常完备的服饰礼仪制度。在阶级社会的到来以及等级制度产生后,服饰逐渐成为统治阶级彰显身份威严的一种工具。统治者以严格的等级服饰来昭示各等级之间的臣属关系,此时的服饰已成为彰显等级尊卑的标志。

古人在服饰方面,逐渐形成了一整套体制与法规,无论是天子、公卿贵族还是士大夫,都必须依照自己的身份地位及环境场合穿着服装,平民百姓不能随意模仿、穿着上层人士的服饰。如汉代商人的地位很低,汉高祖到洛阳巡视时看到商人穿着华丽的衣服,立刻下令"贾人毋得衣锦绣、绮、縠"(《汉书·高帝纪》)。在刘邦看来,商人尽管有钱,买得起绫罗绸缎,但按他们的身份地位,穿着华丽衣衫是不合礼仪的,所以下令禁止商人穿绫罗绸缎。

历朝历代几乎都把服饰等级当作严格遵守的法规,如果一个大夫穿了诸侯的服饰,就犯下了"以下僭上"之罪。据说春秋时期齐国的宰相管仲,在他的祭器上雕刻了精美花纹,在佩戴的冠冕上配以天子才能用的红色系带等,"君子"就认为他的这种行为太过分,超出了大夫之礼。而齐国齐景公的宰相晏婴,穿着洗过多次的旧衣服去上朝,"君子"认为他的行为过于节俭,也不合乎于礼。

这种"礼"的功能还表现在服饰的色彩上。《史记·历书》说:"王者易姓受命,必慎始初,改正朔,易服色。"意思是说帝王改朝换代是受天命支持的,因此开国之初凡事都要十分慎重,所以要改变历法,改变服装崇尚的颜色,以顺承天的旨意。并认为秦灭六国,是获水德,因而色尚黑,故秦的服饰和旌旗都尚黑色。到汉朝时,统治者认为汉承秦后,当为土德。五行学说认为土胜水,土是黄色,于是服色尚黄,并以黄为贵,定为汉天子朝服的服色。

　　唐代开始对服色使用有了更加明确的规定。贞观四年(公元630年),定公服颜色:一品至三品服紫,四品至五品服绯,六品至七品服绿,八品至九品服青。唐代诗人白居易从"座中泣下谁最多,江州司马青衫湿"到"紫袍新秘监,白首旧书生"的慨叹,"青"到"紫"的色彩变化,道出了他官场升迁、政治地位节节升高的人生写照。服色在不同历史时期虽有细微变动,但大抵以紫、绯、绿、青四色定品位之尊。总章元年(668年),禁止官民服黄,从此黄色就成为帝王色,象征着王权。自从隋唐时期官员服装出现品色衣后,所谓"青红皂白"成为官服和民服用色的界限分野。自此,中国服饰制度史上,以服色来规定人身份等级的服色制度最终形成。

　　古代服饰理念受到儒家思想的影响。儒家思想认为,服饰作为一个人仪表的一部分,在接人待物时,必须作为"礼"的重要组成部分来对待。《大戴礼记·劝学》中记载,孔子曾经说过:与人相见时要整理好自己的容貌和服饰,这是尊重对方的表现,也是对约会的重视。在尊重别人的同时,你也会得到别人的尊重。这就是对服饰理念十分充分的表达。在儒家看来,衣冠代表着一种社会身份和人格尊严,可以说是"君子"的标志,"衣冠不正,非君子",故君子应该把衣冠看得比生命还重要。

　　据《史记·仲尼弟子列传》记载,孔子的弟子子路生性勇武,但因跟了学识渊博、处处克己复礼的圣人,也被教诲、熏陶得知书识礼。他在卫国给大夫孔悝做邑宰,贵族们闹内斗,搞武装械斗,子路自然也被卷进去。子路在打斗时,系发冠的缨带被人砍断,头上的束发之冠摇摇欲坠,遍体鳞伤的子路慌忙放下武器,说"君子死而冠不免",结缨正冠,然后英勇赴死。

　　子路这种舍命保冠的做法,在现代人看来有些不可思议,但在注重礼仪的春秋时期,这种"君子正其冠"(《论语·尧曰》)的行为不是一般意义上的认为穿衣戴帽得整整齐齐,以示有文化修养,而是着力强调衣冠的周正本身是君子的起码礼节和必要条件。子路虽然只是个极端的事例,但从中可以看出衣冠服饰当时被看作事关尊严的严肃问题。

子路结缨

　　衣冠关乎仪容、礼节,所以与人结交的礼仪场合,冠要戴正,衣要整好,以正仪容,所谓"正衣冠""敛衽"而后进见,都是如此。春秋时期,一次齐景公未戴冠散着头发,驾着车出宫,守门人看见,对他说:"您这样,哪里像我们国君的样子?"东汉时期的马援与寡嫂共同生活,恪守礼法,《后汉书》记他"敬事寡嫂,不冠不入庐",说他不戴冠绝不进屋子与嫂子见面。

衣冠不整不能见人,如果裸衣露体,则是对对方的轻视或侮辱行为了。曹操曾在宴席上命令祢衡更换鼓吏之衣击鼓以示对其羞辱。祢衡脱去上衣"裸身而立",反而羞辱了曹操。曹操也只好自嘲说:"本欲辱衡,衡反辱孤。"

祢衡裸衣骂曹

在古代,衣冠服饰又常代指某一类特定身份以及职业的人。读书人被称为衿士,地方上有地位的人被称为乡绅,衿与绅都与服饰有关。读书人考取功名得官后,要将庶民常穿的褐衣脱掉,改穿官服,所以科举考试又称"释褐试"。庶民不戴冠,故而俗称平头百姓,或称黎民百姓(黎即黑之义,指黑发的众生)。平民虽不戴冠,也要束发以巾帻包头,战国时的"苍

头",秦朝的"黔首",东汉末的"黄巾",都是指用不同颜色之巾包扎头发,以致"黔首""黄巾"竟成了这一阶层人的代名词。

古代服饰的礼治精神作为儒家文化体系的一个重要组成部分,它把人们的人格理想落实到现实生活中,从而有力地维护了现实的社会生活秩序。

五 社交礼俗：
谦卑与高尚

在中国传统人际交往的礼仪风俗之中，蕴涵着丰富的关于协调和处理人际关系的美德，这些美德在现代社会人际交往活动之中，依然具有其广泛的表现形式和持久的社会影响。因此，继承和发扬传统社交礼俗中的精华，去除其中的消极因素，对于社会主义道德建设，具有可借鉴的现实意义和文化价值。如尊尚贤者、待人以礼、和睦相处等，都是在持守一定的礼节的前提下展示出来的传统美德。也正因如此，社交礼俗起着社会"凝聚剂"与"激活剂"的重要的功能。

言 辞 谈 吐

　　古人说:"言为心声,语为人镜",言辞谈吐是一个人文明修养和内心德行的显现。《礼记》中有"言语之美,穆穆皇皇",即要求一个人在言辞谈吐上显得谦恭、和气而文雅,在与人交往时要"不失足于人,不失色于人,不失言于人"。传统的言辞谈吐之礼,展现的是一种对他人尊重、对自己言行负责的态度。

　　"修辞立其诚,所以居业也"(《易经》)强调的是个人在言辞谈吐中诚实的重要性。"言必行,行必果"(《论语·子路》)则强调的是言行一致,对别人许诺必须兑现。古人往往根据一个人的言辞是否诚实可信来判断他的内在品行,孔子说:"始吾于人也,听其言而信其行;今吾于人也,听其言而观其行。"(《论语·公冶长》)孔子强调的是评价一个人,不仅要看他怎么说,更重要的是看他怎么做。正因为此,古人不轻易许诺,唯恐不能兑现,言不妄发,是对他人负责也是对自己负责的一种态度。

　　"出言不当,驷马不能追也。"(《说苑·谈丛》)这是古人要求个人说话慎重,不可轻言妄语。诚实守信是言辞的根本,但同时说话还要注意场合、分寸。孔子说:"可与言而不言之,失人;不可与言而与之言,失言。知者不失人,亦不失言。"(《论语·卫灵公》)如果不分场合,不分对象,没有分寸,一味夸夸其谈，就会让人生厌了。言辞谈吐谨慎合理还要注意言语文明，古人要求"刻薄语，秽污词，市井气，切戒之"（《弟子规》），即是要求孩子不能说话刻薄，不能说脏话，更不能学市井的下流话。

"与人善言，暖于布帛；伤人之言，深于矛戟。"（《荀子·荣辱》）即与人交谈时注意措辞，言辞妥帖并从内心里称赞别人，会使人感到温暖；而说话刻薄贬损对方，会让人伤痛难受。《资治通鉴》中有"凡论人，必先称其所长"，善称人之长，并非阿谀奉承，而是一种与人为善的方式，是一种分寸，更是一种教养。古人讲究善言以道人长，要求"言辞欲巧"，并非叫人做巧言令色之徒。善言与谀言的区别在于，阿谀奉承一般都是口是心非，而善言人长则是表里如一；谀言是不顾事实一味吹捧，不惜丧失个人尊严而献媚于人，而善言则是要求从心底里对别人有一种善意的理解和仁和的宽容。

不过在现实交往过程中，世态炎凉、看人下菜等现象并不鲜见。《新世说·宠礼》中记有一则小故事：大学士阮元退休回乡，偶游某寺院。方丈正在写字，见阮元布袍葛履，以为是村中老叟，于是漫不经心地说："坐，具茶。"方丈仍写他的字，写完问其贵姓，阮元以阮姓相告。方丈以为是阮元族人，"速加礼云'请坐'，并呼'泡茶'"。坐定，方丈又问其尊字，阮元以实相告。方丈闻听"惊惶失措，拂炕，请上座，令泡好茶，待以上宾之丰"。阮元是当时著名文人，方丈乞求墨宝。阮元沉歇少许，挥就一联："坐，请坐，请上坐；茶，泡茶，泡好茶。"

语言是人际交往的重要工具，古人在社会交往过程中形成了特定的交际语言。古人强调"情欲信，辞欲巧"，要求既要展现对别人的尊重，也要自尊自爱。一方面在语言上对别人

彬彬有礼,在称谓上多用敬称,对于尊者、长者还要注意避讳;另一方面还要注意说话分寸,不能不顾事实地对别人吹捧,更不能丧失尊严阿谀奉承;同时还要已诺必诚,对自己说出的话尤其是做出的承诺负责任,即所谓的"言必行,行必果"。

称谓避讳

称谓是社会生活中必不可少的,古人十分重视称谓的运用,交往中往往谦称自己,敬称对方,在称谓上也体现着谦敬有礼的民族性格。使用谦称来称呼自己,表现了说话者的谦虚和修养;使用敬称是为了对人表示尊敬。同时,在社会交往过程中,为了避开一些禁忌和不吉利的字眼,以免给人带来不快和伤害,人们往往会注意避讳。避讳有封建专制和迷信的因素,但其中为了表现对别人的关心和尊重而采用的避讳,体现了中国传统文化积极的一面。

姓名字号

姓亦称姓氏,在先秦时期姓与氏是有严格区别的。姓是代表有共同血缘关系种族的称号,氏则为由姓衍生的分支。周代的姓和氏是当时盛行的封建宗法制度中的一个重要组成部分,有一套严密的规定。姓是与生俱来的,稳定不变,而氏则是有变化的。

姓，从中国的史前传说时代开始，就被人们作为一种与血缘有关的标志来使用。在一般人的观念中，同姓意味着拥有共同的血缘关系。《左传·隐公八年》载"天子建德，因生以赐姓"，认为天子分封有德之人为诸侯，依照其出生地而赐姓，这是涉及姓的本义的一个经典性说明。因此，姓在周代有一个重要的作用是区别婚姻。古人早已认识到近亲通婚不利于后代的健康，故周代已规定同姓之间不许通婚。为了辨别男女姓的异同从而决定可否嫁娶，女子都要称姓。鲁桓公之妻即姓姜，死后谥号为"文"，故又称"文姜"。

"姓"的本义中有因生育而形成的血缘关系，而"氏"的本义中具有分支、指示、血缘等意义。正如《左传·隐公八年》中众仲所说"因生以赐姓，胙之土而命之氏"，氏是家族的标志，与宗法有关，宗法规定小宗五世则迁，同时又有命氏、别族等特殊情形。所谓别族，用现在的话说便是分家。例如《国语·晋语九》记载，晋卿智宣子将立智瑶为嗣，同族大夫智果劝阻，不听，智果便把自己的宗族从晋国分离出来，称为"辅氏"。后来晋国被三位大夫分裂的时候，智氏一族被全灭了，只剩下"辅果"这一支独存于世。从这段记载可以看出，智果自立门户，就可以到太史处登记分家，从而取得"辅氏"这一新氏。

先秦男子称氏、女子称姓，"氏"由男子所立，标志着由男子掌握对某种生存条件，尤其是土地的所有权以及迁移的主导权，对环境的选择权，等等。同时，有无氏号，也是区别社会地位高低贵贱的重要指标。"贵者有氏，贱者有名无氏。"（《通志略·氏族略》）先秦时期只有贵族才有姓氏，氏的主要作用是区别贵贱，故只有贵族男子才有氏，通常只称氏而不称姓。不仅奴隶无资格立姓，就是一般平民也有名无姓。所以先秦的

"百姓",是对贵族而言的,而不是今天说的普通人的意思。

但是周代的姓氏制度,在战国时期随着氏族贵族的日趋瓦解而逐渐混乱,至秦汉时期姓与氏就不再区别,合而为一了。秦汉之后,每人都有了一个姓,因为普通人数量大,所以才逐步把下层人称为平民百姓。

古人按礼仪是"幼名冠字"(《礼记·檀弓》),即出生三个月后由父亲命名,男子举行冠礼及女子举行笄礼时取字。字往往是对名加以解释或补充,与名互为表里,故又叫表字。古人名与字的关系,主要有三种:

第一,名与字意义基本一致。如战国时代的屈平,字原。是因为"广平曰原"(《尔雅·释地》),"平"和"原"字的意思是相通的。相似的还有三国时的诸葛亮,字孔明,"亮"和"明"均有光线充足之意。

第二,名与字意义相关联。如孔子弟子冉耕,字伯牛,耕种用牛。西汉司马迁,字子长,迁延的结果即长。宋代苏轼,字子瞻,轼是车厢前作扶手的横木,扶轼以便远瞻。南宋词人刘过,字改之,取于"过而改之,善莫大焉"之意。明代散曲家陈铎,字大声,铎是古代的一种乐器,击之则大声。

第三,名与字意义相对相反。如孔子弟子曾点,字皙,点是小黑点,皙为肤色白,二字义相反。唐代文学家韩愈,字退之,愈是胜过,与退相反。清代学者王念孙,字怀祖,名字相对,亲情溢现,令人感动。

但是,古代只有贵族或士族才有表字,一般平民是没有字的。如西汉初年跟随刘邦打天下的功臣中,除了张良等少数六国贵族的后代外,大部分出身平民,所以如陈平、韩信、樊哙等都是有名无字。而张良,字子房,因为他出身于韩国贵族家庭,故有字。

古人在什么情形下称名,在什么情况下称字,是有一定原则的,不能不分场合、不辨对象随意乱用。一般说来,名是由父亲或长亲起的,是供尊长叫的;而字是为了"敬名"由来宾取的,是给别人叫的。因此,只有尊者对卑者、长辈对晚辈才可以称名。如《论语·先进》载,孔子对弟子冉求即直呼其名:"求,尔何如?"朋友及平辈之间则互相称字,以表亲近和恭敬。另外,尊长对于卑幼者,为自表谦虚也常称对方的字;在先秦及封建社会早期卑幼者也可对尊长称字。因此字的运用较为广泛。如三国时期的刘备常被称为刘玄德,诸葛亮被称为诸葛孔明,关羽被称为关云长,张飞被称为张翼德,赵云被称为赵子龙,这些都是称字以示尊敬。由于称字有表恭敬的意思,所以自称时不论对方是尊长、平辈或卑幼者,均只能称名而不能自称字。

谦称与敬称

古人在交往中,为了表示对人的尊重,凡提到自己时用谦称,称呼对方时则用敬称。由于自己的身份不同以及表示尊敬的对象不同,谦称与敬称的用词也就有所不同。

古代帝王或诸侯谦称自己为寡人、孤家、不谷。"寡"与"孤"同义,都有表示自己缺少德行的意思。"寡""孤"本为贬义,但由于被帝王专用,后来"称孤道寡"反倒成了"称帝称王"的同义语。官吏一般自称谦词用臣、下官、末官、卑职等。臣是面对国君时官员表示谦卑的自称;下官、末官、卑职都是谦称自己职位低微。文人雅士自谦习惯用小生、晚生、晚学、后

学、末学等,以示自己是新学后进之辈,学识尚很浅陋;也常用不才、鄙人等词,谦指自己没有才能和见识。老年人自谦时,常称老朽、老鄙、老夫、老拙,表示自己年老愚笨,已衰朽无用。而妇女则以小奴、下妾等词自谦。谦称的运用,是通过贬低自己而抬高对方的身份,实际表达的是对对方的尊敬,也显示出一种修养和礼貌。

敬称的词语也有很多,均带有尊重、敬仰的意义。对古代最高统治者,常尊称为天子、皇上、圣上、万岁。据《白虎通义》所说,"天子"是古人认为帝王之父为天,其母为地,是上天所生,"故谓之天子"。"皇"词义为大,"圣"指智慧超群,"上"有至高无上之意,这些词都显示了皇帝的特殊地位。"万岁"在先秦时期是臣下对王侯贵族通用的祝语,秦汉之后专用于祝福皇帝,"万岁"后来也成为皇帝的尊称。此外,皇帝还被敬称为"陛下"。据唐代段成式《酉阳杂俎》载:"秦汉以来,于天子言陛下,于皇太子言殿下,将言麾下,使者言节下、毂下,二千石长史言阁下,父母言膝下,通类相言称足下。"陛的本义是宫殿的台阶,陛下原指皇帝设在台阶下以防不测的近臣,后来以陛下作为对皇帝的尊称。

殿下、麾下、阁下,都是由于不敢直称对方,故通过侍从转呼以示尊重,从而转化而成的敬称。其中"殿"指殿堂,起初天子、诸侯、皇太后、皇后、亲王等均可尊称殿下,唐代之后才主要用于皇太子与皇后。"麾"是指挥军队的旗帜,故尊称将军为麾下。"阁"比殿小,古代郡太守(汉代俸禄为二千石,故亦可称二千石)按照规定有资格比照三公开阁治事,故尊称阁下。但这一敬称使用较宽泛,不仅用于尊长,平辈亦可使用。唐代之后,对州郡的长官则多尊称府主、府公、府台等。

"足下"这一敬称据说源于介之推的故事。介之推是春秋时期的一位隐士,后辅助晋公子重耳,历尽流亡的艰辛。当重耳在秦穆公支持下终于回国即位成为晋文公,对随他流亡的大臣论功封赏时,唯独忘了介子推。介之推不求赏禄而携母隐居于绵上(今山西介休东南)山中。晋文公自感有愧,又搜寻不到介之推,便下令放火焚山,想迫使他出山。谁知介之推宁可抱着一棵树被烧死也不愿出山。晋文公悲叹不已,令人伐倒那棵树,制成木屐。此后,晋文公经常低头看着脚上的屐,哀叹道:"悲乎足下。"由于晋文公以"足下"指代介之推,且怀着深深的敬意,后来"足下"便成了一种敬称。

也有人认为"足下"一词直接的意思是指称尊贵者阶前脚下的侍从们,古人以"以卑达尊"的办法,即指称尊贵者身旁的卑微者的方式,代替对尊贵者的直接称呼。因此"足下"便成为对尊贵者的敬称。"足下"最早用于敬称君王,后才用于一般下对上或平辈之间,再后则专用于对同辈朋友的敬称,直至现代。

古代对老人除称为老伯、老叔,还可尊称为老丈、丈人,其义取于持杖。《淮南子·道应训》汉高诱注说:"老而丈于人,故称丈人。"丈与杖通,丈人犹言杖人,即持杖之人。有资格在人前持杖者必为老人,故丈人泛指老年长辈和尊者。至于丈人指岳父,是在唐代以后才成为专名。

对于德高望重,特别是学问精深的男子可敬称为夫子。春秋时期凡大夫以上的官员可称为夫子,其"夫"即指大夫,"子"是对男子的尊称。孔子当过鲁国司寇,也是大夫,所以被其弟子等人称为夫子。后来,孔子被尊奉为万世师表,所以夫子成了对孔子的尊称。孔子是教育家,从而引申为对老师或

可奉以为师的男子也称夫子,如齐宣王就敬称孟子为夫子。对师长、老人、有道德有学问的人还敬称为先生。这种用法流传至今,现代社会"先生"成了对一切成年男子都适用的社交礼貌称谓。

总之,谦称与敬称是一个问题的两个方面,均表达了对别人的尊重。这种称谓中显示的礼貌时时处处都会碰到,因而是日常礼俗中一个很重要的部分。

避讳

在中国古代的日常生活中有种种忌讳,其中最为重要也是最为普遍的一种忌讳,就是对尊者、长者、贤者的名字是不能直接说出来或写出来的,如国君之名对于臣民、父母之名对于子女,这种习俗被称为避讳。

古代对于当朝帝王及尊显者的名字,必须予以避讳。原来为整个社会共同使用的某个汉字,一旦被皇帝用为名字,就为其所垄断,臣民再不许使用,这种做法叫作"国讳"或"公讳"。违反了这一条而直呼皇帝名或仍用皇帝避讳的字,就是"犯上""大不敬",可能引来杀身之祸。有时,连食物都"难逃此劫"。"山药",在隋朝以前的书上称"薯蓣"。到了唐代,因代宗名"豫",与"蓣"谐音,于是被改称"薯药"。到了北宋中期,因英宗名"曙","薯药"又犯讳,于是再次改名为"山药"。

避讳起源于周代,《左传》《礼记》《孟子》等书都有避讳的记载。《左传》记有"周人以讳事神,名,终将讳之",即在事神和事鬼的时候是要避讳的。《礼记·曲礼上》记有"入境而问禁,入国而问俗,入门而问讳",说明周人将避讳与国家禁令、民间风俗相提并论，并为大家广泛遵守。

秦统一六国之后，帝王的地位急剧提高，避讳才逐步盛行起来。秦始皇第一次在全国实行统一的避讳。秦始皇名"政"，因此全国不得用"政"及其同音字，正月或改称端月，或改读正月之"正"为"征"字音，这一习俗一直保持到今天。

汉代开始，随着大一统局面的形成和巩固，避讳制度更加严格。汉朝规定臣民上书言事触犯帝王名讳属于犯罪，凡遇到与庙讳御名相同之字可用同义字代替。汉高祖名邦，凡遇"邦"字不能称邦而称国，故而战国时的官名相邦改叫相国；文帝名恒，遇到"恒"字不能称恒而称常，因此在汉人的笔下，战国时的田恒改为田常，《离骚》中的"余独好修以为恒"改为"余独好修以为常"，甚至月中仙女姮娥也被改为嫦娥。现行二十四节气之一的"惊蛰"，在《左传·桓公五年》中作"启蛰"，为了避汉景帝刘启讳，刘安在他的《淮南子》中改"启"为"惊"。

不过，相比较两汉而言，六朝以后的避讳则更加严密。

晋太康元年（280年），晋武帝司马炎灭吴，为避其祖母宣穆皇太后名张春华的避讳，改宜春为宜阳。为避其父司马昭、伯父司马师之讳，改昭阳为邵阳，京师改称京都或京邑。把"王昭君"改称"王明君"，也称作"明妃"。六朝古都的建康（今南京），本名建邺，晋元帝司马睿定都建邺时，因避晋愍帝司马邺讳，改名"建康"，并且把曾是曹魏重要都邑的"邺"改名"临漳"。

避讳不仅仅要避讳皇帝的姓名，有时甚至要避讳皇帝的喜好。黄瓜在隋代之前本称为胡瓜。隋大业四年，由于讨厌胡人，隋炀帝下令将胡瓜改为黄瓜，"黄瓜"一名也一直沿用至今。

唐朝避讳比前朝更是有过之而无不及,并将避讳纳入了政府颁布的法律条文之中,《唐律·职制篇》明确规定有因避讳而辞官或不赴任的,其中避讳辞官有避正讳、避嫌名两种情况。因为这个规定,不少人丢官去职,断送仕途。著名诗人李贺,其父名晋肃,由于"晋"与"进"同音,有人就认为他不能参加进士考试,虽有大名鼎鼎的韩愈为之帮忙,专门写了一篇《讳辩》为之辩白,但也无济于事。

宋朝是避讳发展承上启下的重要时期。宋高宗赵构的名讳就多达五十三字,陈垣先生在《史讳举例》中称其为"空前绝后之例",文人学士写诗作赋是战战兢兢、如履薄冰,唯恐一言不慎而闯下大祸。科举考试中,"举场试卷小涉疑似,士人辄不敢用,一或犯之,往往暗行黜落"(洪迈《容斋随笔》)。赵匡胤的父亲叫"弘殷",宋朝人便把"殷朝"的"殷"改成"商"。北宋仁宗赵祯,因"祯"与"蒸饼"之"蒸"音近,遂改"蒸"为"炊",所以《水浒传》中武大郎卖的"蒸饼"就改称"炊饼"。

宋代不仅帝王之名要避讳,连高官权臣之名也要避讳。陆游的《老学庵笔记》就记载有这么一则看似荒唐却又是真实的故事:田登做州官,忌讳别人称呼自己的大名,吏卒因不慎而触犯其名讳的都要挨棍子,于是全州之人不得不称"灯"为"火"。当时元宵节有放灯的习俗,百姓可自由放灯,吏人张贴的告示上便赫然写着"本州依例,放火三日",把"放灯"写作"放火",从而留下了"只许州官放火,不许百姓点灯"的笑话。

明代避讳如宋代一样,"原来"一词,明代以前写作"元来",朱元璋以为"元来"含有"元朝重来"之嫌,且大明在,安得元朝卷土重来?因而被改为"原来"。

而到了清代,特别是雍正、乾隆之世,讳禁之严达到了登峰造极的地步。如清代乾隆四十二年（1777年），江西举人王锡侯撰成《字贯》六十卷，因凡例中写有康熙、雍正庙讳（本朝君主宗庙里供奉的祖先名字）玄烨、胤禛及乾隆帝名弘历，被仇人告发，处以大逆罪，全家被抄斩。而且江西巡抚海成等官员也因上奏所拟对王锡侯的处罚太轻，而被牵连从重治罪。国讳说明了封建帝王的唯我独尊和蛮横霸道，是封建时代人与人不平等的现象之一。

另有"家讳"，即子孙不能称呼父祖的名字，这也是尊祖敬宗的体现。在社会活动中，与别人交谈也不能触犯对方的家讳，否则将被视为非礼。《世说新传》中记载，东晋桓玄初任太子洗马时，王忱前来祝贺，便设宴款待。王忱嫌酒冷频频呼唤使者取"温酒"来。因为桓玄的父亲名温，为避父讳，家中不许提到"温"字，而来客呼喊的"温酒"中就含着个相同的"温"字，便触犯了其家讳。这样，不但使者怕家主责怪不敢去取"温酒"，就是桓玄一再听到来客呼叫"温"字，亦心中不快，但又不便发怒，以至于当场便哭了起来。由于避讳，古代礼俗讲究"入境而问禁，入国而问俗，入门而问讳"（《礼记·曲礼上》）。这就是说，进入一国境界先要询问禁忌，进入一个城内先要了解风俗，进入一家之门亦要先弄清其家讳，只有这样才能避免犯讳而失礼。

避讳习俗起于避君主名，并随着君主专制的加强而日益兴盛，这不仅导致了古代书籍文字的混乱，而且也给当时社会生活的诸多方面带来麻烦，造成不良影响。直到进入20世纪，随着封建君主专制的倾覆，人们才从避讳的桎梏下解脱出来。

除了上述中国古代特有的"避讳"外，在日常生活的言谈话语中，还有许多忌讳的字眼应避免直接说出。

出于对死亡的恐惧与厌恶,古人忌讳说"死"字,于是另造了一些词来表达死的含义。如对于君王的死用"千秋万岁"来表示。《史记·梁孝王世家》载:"上(指景帝)与梁王燕饮,尝从容言曰:千秋万岁后传于王。"千秋万岁是君王希望活到的年龄,其实这只是一种空想,而人生通常不过百年,于是一般人则以"百年之后"替代"死"字。也有的用"老了"讳言死去,如《红楼梦》第十五回写道:"这铁槛寺是宁荣二公当日修造的,现今还有香火地亩,以备京中老了人口,在此停灵。"另外,代替死的言词还有去世、下世、过世、辞世、病故、病逝、长逝、长眠、仙逝、作古等。

与死亡类似,对于恶疾、灾祸古人也忌讳直言。如讳言火灾,将失火叫作"走水"。《红楼梦》第三十九回载,贾府马棚失火,贾母询问,丫鬟回答说:"南院子马棚里走了水了,不相干,已经救下了。"

除了回避不吉利的词语,按照礼俗要求,更忌讳恶言谩骂。《清稗类钞》载:"都(北京)人忌骂,舆夫走卒之酬对,亦绝少它地之口吻,而辱及祖宗父母之谩辞,尤为深恶痛疾之。"不仅忌骂,就是与许多骂人话相连的词也忌讳。如北京地区为了避免骂人嫌疑,将沾了"蛋"字边的东西都改了名:鸡蛋叫作鸡子儿;皮蛋是南方发源的,传到北京改叫松花;菜谱上的炒鸡蛋称为摊黄菜,鸡蛋汤则叫木樨汤。

言语忌讳反映了人们趋利避害的思想倾向,也表示了对别人的尊重,有一定的合理性,因而大量的代用词流传下来,不仅丰富了汉语词汇,而且成为礼俗文化中的一个重要组成部分。

相见之礼

跪拜礼

古人席地而坐,是双膝着地跪坐的,臀部坐在后脚跟上,这时如果要表达敬意,也是在跪坐的方式上进行的。明末清初学者顾炎武认为:"古人席地而坐,引身而起则为长跪。首至手则为拜手,手至地则为拜。"(《日知录·杂事》)可见跪坐是拜的基础和前提,要行"拜礼",先要伸直上半身,即"引身而起"。

跪拜礼

《世说新语·方正》记陶侃救出梅颐,梅颐去见陶侃,要行跪拜礼,陶侃拦住他不让拜。梅颐说:"我梅仲真的双膝,以后难道还会向人跪拜吗!"也就是说拜必须屈膝。站立时致敬则用拱手。《论语·微子》记载:子路跟着孔子出行,落在了后面,

遇见一位老人,就向老人打听见过自己的老师没有,子路的姿势是"拱而立"。

拱手就是"揖",据清人孙诒让考证:"礼经言揖者,今之拱手也。"拜是要跪着的,揖却是站立的。《史记·高祖本纪》记载:郦食其去谒见刘邦,刘邦"方踞床,使两女子洗足",刘邦无礼,于是郦食其对他"不拜"而"长揖"。"长揖"就是"手自上而极下"(《汉书》颜师古注)。

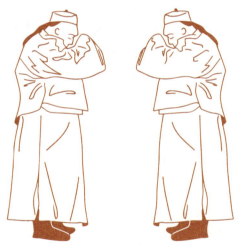

拱手礼

跪拜方式有多种。根据《周礼·春官》的记载,按照拜时头与手的高低深浅及跪拜次数不同,拜礼分为九种,即"九拜":稽首、顿首、空首、振动、吉拜、凶拜、奇拜、褒拜、肃拜。

其中稽首、顿首、空首、振动四种,都是跪礼,区别在于头至地或身子俯下的程度高低。稽首为头至地停留一会,顿首为头至地停顿一下即起,空首为头俯下而不至地。"振动"的解释有多种,一般说是跪拜时身体有所振动,相当于丧礼中"踊"的动作。吉拜为先拜而后稽首,用于守孝三年期后和丧家相见时所行;凶拜为先稽首而后拜,用于丧礼。再后面三种拜都是轻礼:奇拜只屈一膝;褒拜为报拜,即回报他人的拜礼,一般认为应是再拜;肃拜当为拱手礼,相当于揖,但须俯身,所谓"推手为揖,引身为肃"。要注意的一点是:古人席地而坐,姿势如今之跪,只是臀部坐于脚跟;跪则上身直起,双手引头慢慢至地,即形成各种跪拜方式。

所谓稽首,就是人跪下后,双手着地,磕头及土,再停留一段时间,此系拜礼中之最重者,一般用于臣子拜见君王和祭祀先祖的礼仪。关于实行稽首礼的最早记录,可能见于《尚书·尧典》,记载有"禹拜稽首""垂拜稽首"。之后的《史记·周本纪》亦记武王伐纣至商时,"商人皆再拜,稽首,武王亦答拜"。

春秋之际,诸侯争雄,尊卑不分,无视周天子威仪,使整个社会礼数乱了套。而大约也就是从这时起,稽首便已不再限于在君臣之礼上使用了。春秋以降,稽首除了用于臣拜君之礼外,也用在子拜父、郊祀拜天、拜神,新婚夫妇拜天地、拜父母,宗庙拜祖(亦称拜容)、拜庙,学生拜师,臣下迎领圣旨的拜诏,到城隍庙求家人病愈的拜愿,对死去亲人的拜墓等古人视为隆重的大礼中。甚至僧、道礼俗中也有"稽首",不过只是举一手向人行礼罢了。其所谓"稽首",只是借用俗礼名称而已。

所谓顿首,则引头至地,稍顿即起,为拜礼之次重者,郑玄注为"拜头叩地也"。《周礼正义》中有"顿首,平敌自相拜之拜",就是说顿首在周代属平辈之间的礼节。后来下对上的敬礼也用顿首。其使用场合包括官僚之间的拜迎、拜送,民间的拜贺、拜候、拜望、拜别、拜谒等。此外,旧时书信中也引进"顿

首"作为起头或结尾,以示敬意。

空首,又称"拜手",简言之又称"拜"。它的动作是先跪而拱手,再低头到手上,与心平衡。因为头低到手上,所以叫"拜手";因为头不到地,所以叫"空首"。这是"九拜"中男子最常用的跪拜礼的一种。

以上三拜称为"正拜"。

稽首、顿首、空首

肃拜,是古代女子跪拜礼的一种。拜时跪双膝后,两手先到地,再拱手,同时低下头去,到手为止,故又称"手拜"。肃,手到地的意思。所以后来在书信来往中,为了表示对对方的尊敬,往往写上"谨肃""肃启"。

到了武则天做了武周皇帝后,她索性将女子的肃拜姿势改为正身直立,两手放于胸前,微俯首,微动手,微屈膝,时称"女人拜"(《景德传灯录》卷八)。武则天所改礼节,大大长了女儿家的威风,令大男子们好不丧气!唐宋时,女子行此礼还常口道"万福",故又称"万福礼"。此礼一直沿用到清代。

万福礼

振动、吉拜及凶拜三种是凶事之拜。所谓振动，按郑玄注，"以两手相击也"，是"战栗变动之拜"。振动礼不仅要跪拜、顿首，而且还要跳脚击手，捶胸顿足，哭天抢地，浑身战栗不已，以表达对死者的极度悲哀。因此，这是丧事中最重最大的跪拜礼。

所谓吉拜，郑玄注说"拜而后稽颡"，就是说先空首后顿首。这种礼节，按唐代经学家贾公彦的解释，是属齐衰杖期（如孙为祖父母、夫为妻服丧一年）及以下的丧拜礼。之所以称"吉"，是说此礼相对凶拜要轻。《礼记·檀弓上》引孔子的话说："拜而后稽颡，颓乎其顺也。"这是指行丧礼时，先行拜礼以

答谢前来吊唁的宾客,然后用稽颡礼来表达自己的悲哀——这样先人后己,是合乎顺序的。关于"稽颡",即屈膝下拜,以额触地——顿首,这是居丧期间答拜宾客时的专用礼。

所谓凶拜,郑玄注说:"稽颡而后拜,谓三年服者。"这是先顿首后空首,是斩衰和齐衰三年(如子女为父母、妇人为丈夫、长子以及父为长子服丧三年)时的丧拜礼。《礼记·檀弓上》说:"孔子曰:'稽颡而后拜,颀乎其至也。三年之丧,吾从其至者。'"这里孔子认为:先行稽颡而后行拜礼,最能表达极哀之情。如果是服三年丧,我会遵从这种礼法的。

至于奇拜,一般来讲,大约是先屈一膝,然后空首拜,即汉代称的"雅拜",为一次拜。褒拜则为再拜(反复两次拜)以上的礼节。此二礼都不是独立的拜礼。如《仪礼·乡饮酒礼》中所言"再拜",就属"顿首"的褒拜;《礼记·曲礼下》中的"再拜",则系"稽首"的褒拜。它们分指两次"顿首"、两次"稽首"。需要说明的是,"顿首"与"空首"都可以有奇拜,但"稽首"却没有奇拜,只有再拜。因此,奇拜、褒拜同稽首、顿首、空首以及振动、吉拜、凶拜的关系其实是"纬"与"经"的关系。

清代还有一种"三跪九叩"礼。据《清宫琐记》等记载,行此礼时,首先是刷刷地放下马蹄袖,再跪下,上身挺直,右手平伸举起至鬓角处,手心向前,再放下,再举起再放下,如此再三为三跪;反复三次即为"三跪九叩"。与此同时,还要高呼"吾皇万岁,万万岁……"辛亥革命之后,三跪九叩之礼被废除。

三跪九叩

相见礼

相见礼是人与人的社会交往礼节,先秦时期不仅对宗族、姻亲注重礼仪,对师长、朋友的交往也同样注重。

相见礼在当时还具有一种建立隶属关系的含义,拿的见面礼物叫"贽",又称"质",有"委质为臣"的意思,在官府中可以确定上下级的身份。臣见君、诸侯见天子为"觐礼",诸侯之间、卿大夫之间相见叫"聘礼",这是高层的相见礼。"贽"说的是一般人士的相见礼,载于《仪礼·士相见礼》,仪节与其他相见礼只有高低之分。其仪节分两个步骤:

一是相见。见者为宾,接见者为主人。宾持贽礼:士阶层冬天用雉,夏天用腒(即干雉)。宾先请见,主人则谦言这有辱于您,我将"走见"(意为自往宾处),经过两次推让,又经过两次推辞贽礼,最后主人只好说"某也固辞,不得命,敢不敬从!"于是主人出迎于门外,再拜,宾答以再拜;主人揖请,先入门右;宾奉贽,入门左(此处左右均为从门外向门内看);主人再拜受贽,宾再拜送贽。宾即退出,主人再请见,宾再反见(此时

当有款待宾的礼节)。礼毕,宾退,主人送到门外。这里用一次"反见",据说是表示由初见的矜持庄敬转变为亲切之意。

相见礼

二是复见、还贽。这是前次的主人往前次的宾客家相见,并将以前所受的贽礼奉还。这时,宾、主的称谓互换。来宾说:"前次,您来见我,使我不得不回谢,特来还贽于您。"主人辞,宾固请,也经过三次辞与请,终于"宾奉贽入,主人再拜受,宾再拜送贽。出,主人送于门外,再拜",完成还贽仪式。以同一礼物退还,古人并不以为嫌,且认为是"礼尚往来"的谦敬表示。

这是士与士对等的相见礼。若是士往见大夫,则大夫在初见之后即辞还贽礼,不再去士家还贽;若是君对臣的贽礼,则纳受而不退还。

在古代社会的社交礼仪当中,贽的重要性在于,通过贽这一相见的礼物,借此建立友好关系。周代贽品分等级:天子用鬯(香酒),诸侯用圭(玉礼器,其内又分爵级),以下为孤(比卿高一级的爵位)用皮帛,卿用羔,大夫用雁,士用雉,庶人用鹜(即鸭子),工匠、商人用鸡,叫作"以禽作六贽",而妇女则另以干果、干肉为贽。这些贽品都被赋予各种德性的含义,其实都是由原始社会生产、生活中的常见物转化而来的,如玉器由石器转化而来,皮、禽为猎物,干果为妇女采集的经济产品。这也是礼重"报本反始"的反映。

同时,送贽的行礼场合十分讲究。一般相见,只在堂下庭中;下见上,只在堂下奠贽行拜礼。如果主人再三邀请,也有上堂拜见的;宾的身份较高,则在堂下相见,仪式亦隆重。堂上相见,位置在堂中偏东处,表示来宾迁就着主人。行礼场所不能轻易变动,否则被认为失礼。

最后,行礼时还要注意仪容和辞令。行贽的仪态要端庄、恭敬且程度要有分寸,忌讳傲慢,也避免卑屈。对待不同的人,用得体的言语和正确的称呼;见尊长说话,眼目所视有一定的高度;侍坐时要留意主人的神态而决定告退的迟早。

待 客 之 礼

中国人一直将宾朋来访看作家中的喜事,"高朋满座"更

是让人感到很有面子。经过长期的演变，中国人在迎客、敬奉茶酒、宴饮宾客和送客等环节中形成了较为完备的待客礼俗。礼尚往来、礼待宾客是中国人普遍奉行的社会习俗，人们在迎送客人、款待宾客的社会交往活动过程中形成了一系列的礼俗。

　　古时住家，即便是贫困之家，往往也是独门独户，因此，接待客人，还得把大门口清扫干净，也称"扫门"，属于迎宾之礼。《周书·儒林·熊安生传》记，北周高祖武皇帝宇文邕得国后，初次到邺地（原属北齐），曾经为北齐做过国子博士的熊安生听到消息，赶紧吩咐众人扫门。家里的人觉得很奇怪，便问他是怎么一回事。熊安生说：当朝周皇帝来到邺地，他是一位重道尊儒的皇帝，我得快点把门口扫除干净，提前做些准备，周帝一定会来我家。果然，没过一会，宇文邕就到了熊家。

　　执帚、持帚，也可写为"拥帚"或"拥彗"。不过，"拥帚"或"拥彗"还有两种不同的情况，一种是实实在在的扫地，另一种是虽然手里拿着扫帚，但并不扫地，仅是做做样子，却也成为迎人之礼。"拥彗先驱"这句成语，便是专指主人走出家门迎客，问候致敬后，自己拿着扫帚在前边引路，领着客人返家，犹如主人亲自扫门待客，仪式隆重。这种仪礼不仅仅适用于迎接人君，人君迎接贤才尊者也往往如此。如《战国策》记载了燕昭王即位时，渴求治国人才，卑身厚币以招贤者。齐国辩士邹衍到了燕国，昭王也拥彗先驱，请列弟子座而受业。很清楚的是，魏文侯或燕昭王绝不会拿着扫帚在前一边走一边扫地，那样会尘土飞扬，反而不礼貌。应当是燕昭王拿着扫帚迎接邹衍。

拥彗先驱

《汉书·高帝纪》也记载过这类事件:汉高祖刘邦回到栎阳后,每隔五日便去向父亲太公问安,以示孝心。太公拥彗,迎门却行。刘邦大惊,赶紧下车去扶起太公。原来太公虽是刘邦的父亲,因为听信了家臣的话:"皇帝虽然是您儿子,但他毕竟也是人主;太公您虽然是皇帝的父亲,但终究还是人臣。"于是演出了父亲向回家的儿子"拥彗,迎门却行"的不大不小的闹剧。礼,失去限度,就不是文明的表现了。不顾人伦亲情,只讲君臣之义,便走到了礼的反面。

成语有"闭关却扫",乃指不再扫径迎客,不与人交往。司马彪《续汉书》中记载了:"赵壹闭关却扫,非德不交。"赵壹,东汉灵帝时人,他以"闭关却扫"的方式,非有德行的人坚决不与之来往。后世遂用"闭门却扫""杜门却扫""阖门却扫"表示隐迹深居,不愿与世交往,这与"拥彗迎客"完全相对立。

闭关却扫

宾客到来,待客之道还体现在宴饮上,即摆设酒菜款待宾客。古人称设宴款待远道而来的客人为"洗尘",又称"接风"。为了送别亲友的宴席,称为"饯行",又称"饯别"。这一礼俗,从上古时代开始一直流传至今。宴饮过程中,酒和茶是少不了的。斟酒和斟茶的习惯是"酒满茶浅",有的地方叫"酒满茶半",或者叫"茶满欺人,酒满敬人"。如果是在酒宴上,主人要向客人敬酒,这称为"酬",客人要回敬主人,这称为"酢",敬酒时还要说上几句敬酒辞。敬酒时,敬酒的人和被敬酒的人都要"避席",即起身。

送礼与名帖

中国自古以来就是礼仪之邦,"礼"是上下近七千年历史与文明的沉淀。送礼贯穿于整个人际交往当中。

在中国古代社会,社交活动中送礼是必不可少的。邓云乡在《红楼风俗谭》中把送礼分为八类。一是情感式馈赠,如第三十一回史湘云送姐妹们绛纹石戒指。二是初次见面时的馈赠,即常说的见面礼。其中有的为友情,有的出于礼貌,还有另存目的,情况较为复杂。三是红白喜事送礼,娶亲、嫁女、过寿是红喜事;死人是丧事,但如果丧者已经年过花甲,那么丧礼就是"白喜事",也要当作喜事办。此外还有盖屋上梁、乔迁新居等。这种红白喜事送礼,除特殊关系外,一般是"礼"的成分多而"情"的成分少。四是生日送礼,一般生日与整寿祝寿的礼不同,所送的礼物也因为过生日者的身份地位而有所区别。五是节礼,春节、元宵、清明、端午、中秋等大小节日都要送礼。六是送土特产,又称为"馈送土仪"。七是穷富亲友之间的礼物。如刘姥姥和荣国府之间的礼物往来,虽然刘姥姥只送了一些瓜果干菜,却得到了更多的回礼和资助。八是钻营式送礼,即通过送礼结交权贵,拉拢关系,进而达到投机钻营的目的,得到更大的好处。这八种送礼类型基本涵盖了中国传统的送礼样式。

馈送土仪

在中国古代社会生活中,无论是官场还是民间,人们相互见面或去别人家拜访时,经常要用到名帖。名帖又称"帖子",相当于今天的名片。名帖在中国的使用至少可以追溯到秦汉时期,那时的名帖是在竹木片上书写自己的名字,因此又称"谒",后又称"刺"。东汉刘熙在《释名·释书契》中有:"谒,诣也,诣告也。书其姓名于上,以告所至谒者也。"谒上写有持谒者的姓名,用于拜访他人时通报来访者。

东汉以后,随着造纸术的发明,人们开始使用纸张来制作名帖,因此又有了"名纸""名刺"等名称。一般名帖上还写有持有人的官爵和籍贯,因此又称为"爵里刺"。唐宋时期官僚士大夫中流行的"门状",明清时期下属见上司、门生见老师所用的"手本"都属于名帖的范畴。

自宋代开始,在逢年过节时投送"贺年名帖"成为一种时尚。这种贺年名帖是由祝贺人在自己的名帖上,亲笔书写被祝贺人的姓名和字号,并附有一些节日的祝福语和贺词,再交由弟子或仆人,往亲戚朋友家投送,以此祝贺节日。南宋文学家周密在《癸辛杂识》中写道:"节序交贺之礼,不能亲至者,每以束刺签名于上,使一仆遍投之,俗以为常。"还记载了他表舅的趣事:"余表舅吴四丈性滑稽,适节日无仆可出,徘徊门首。恰友人沈子公仆送刺至,漫取视之,类皆亲故。于是酌之以酒,阴以己刺尽易之。沈仆不悟,因往遍投之,悉吴刺也。"吴四丈因为自己没有仆人投送贺年名帖,就略施小计,请朋友沈子公的仆人喝酒,趁机将沈子公准备送给亲朋好友的名帖掉

投名帖

包换成自己的,让其仆人代为递送。这也说明了在宋代贺年名帖是十分流行的。

明清时期请客赴宴、请医生来家治病等,也用名帖。让仆人拿名帖去请,就如同自己亲自去请。对方收下名帖就是接受邀请;而退回名帖并不一定是不接受邀请,也可能是不敢承受亲自去请的礼节。《红楼梦》第十回贾珍请张太医给秦可卿看病。张太医退回了贾珍的名帖。仆人回来转告张太医的话说:"他(张太医)说:'医学浅薄,本不敢当此重荐,因冯大爷和府上既已如此说了,又不得不去,你先替我回明大人就是了,大人的名帖着实不敢当。'还叫奴才拿回来了。"这里所展示的就是当时使用名帖的一种情况。

结拜与连宗

结拜与连宗是我国传统文化中的独特礼俗。从汉代晚期到民国时期,下至民间百姓、上至帝王将相的各类人群当中,结拜与连宗成为社交活动当中的一种风气。

结拜,是指不同宗族的人结为名义兄弟姐妹的行为。结拜又称结义、义结金兰、拜把子或换帖等。这些名称中,"义结金兰"最能体现结拜的精神实质。《易经·系辞上》讲道:"二人同心,其利断金;同心之言,其臭如兰。"

南朝刘义庆的《世说新语·贤媛》记有"山公与嵇、阮一面,契若金兰",说山涛和嵇康、阮籍一见面,就情投意合。山涛的妻子觉得丈夫和这两个人的交往非比寻常,就问他怎么回事,山公说:眼下可以作为我的朋友的,只有这俩人了。妻子说:从前僖负羁的妻子也曾亲自观察过狐偃、赵衰,我也想看看他们,可以吗?有一天,嵇康和阮籍二人来了,妻子劝山涛留他们过夜,给他们准备了酒肉。晚上,她越过墙去观察这两个人,流连忘返,直到天都亮了。山涛过来问道:你觉得这二人怎么样?妻子说:你的才智情趣比他们差得太远了,只能以你的见识气度和他们交朋友。山涛说:他们也总认为我的气度胜过他们。后世遂以金兰象征着结拜成员之间忠诚奉献的信义精神。

  结拜通常有一定的仪式,比如,选择良辰吉日和合适的地点(祠堂或庙宇等),祭祀宣誓,或者歃血为盟。到了后期,还出现了契约形式的兰谱等书面仪式。早在魏晋时期,我国南方地区就出现了结拜的行为。周处的《风土记》记载:"越俗性率朴,初与人交有礼,封土坛,祭以鸡犬。祝曰:'卿即乘车我戴笠,后日相逢下车揖。我步行,君乘马,他日相逢君当下。'"这段文字所描述的封坛祭祀和宣誓等行为,都成为后来世人结拜的一系列仪式。

  结拜一般缘于两个因素:一是结拜的人有着相同的志向或兴趣,有着不同寻常的相处经历,或者承担着共同的社会压力。相同的志向或者兴趣表现为多种方面。著名小说《三国演义》记载的刘备、关羽和张飞桃园三结义,世代传为佳话。刘、关、张结拜的誓言为:"念刘备、关羽、张飞,虽然异姓,既结为兄弟,则同心协力,救困扶危;上报国家,下安黎庶。不求同年同月同日生,但愿同年同月同日死。皇天后土,实鉴此心,背义忘恩,天人共戮!"这段承诺最为核心的是"同心协力,救

困扶危,上报国家,下安黎庶",表明他们三个人具有共同的志向和高尚的情操。

结拜

是否有相同的志向和兴趣一般要共同相处后才能为结拜的各方所了解。因此,结拜成员之间的相关经历显得格外重要。要么是同学关系,要么是同事关系,也有特殊经历的交往关系。还有的是追求功利,即出于经济的或政治的功利目的。历史上,有一些男性由于灾荒或战乱的原因流落他乡,为了在当地立足和获得必要的支持,而与当地人结为异族兄弟。也有一些商人在长期的经商活动中,为了商业利益的需要,与一些讲信用的商业伙伴结拜为兄弟。

结拜虽有情义在内,但实际上是古人扩大社会势力的一种方法,与此相似的还有"连宗"。所谓连宗,就是陌生的、并不相干的同姓人相互认作本家。《红楼梦》第六回中,曾谈到刘姥姥的女婿王狗儿的祖上曾与王熙凤祖父连宗的事:"原来这小小之家,姓王,乃本地人氏,祖上也做过一个小小京官,昔年曾与凤姐之祖、王夫人之父认识。因贪王家的势利,便连了宗,认作侄儿。"其实同姓未必同宗,连宗只是因为社会交往的需要。

但是,如果有族谱可查的同族认亲,则成为"认宗"。《左传·僖公五年》记载当时宫之奇谏虞假道时,就谈到了虢与周王室的宗族关系。晋侯向虞国借路去攻打虢国。宫之奇劝阻虞公说:虢国,是虞国的外围,虢国灭亡了,虞国也一定跟着灭亡。晋国的这种贪心不能让它开个头。这支侵略别人的军队不可轻视。一次借路已经过分了,怎么可以有第二次呢?俗话说"辅车相依,唇之齿寒",就如同虞、虢两国互相依存的关系啊!虞公说:晋国,与我国同宗,难道会加害我们吗?宫之奇回答说:泰伯、虞仲是大王的长子和次子,泰伯不听从父命,因此不让他继承王位。虢仲、虢叔都是王季的第二代,是文王的执掌国政的大臣,在王室中有功劳,因功受封的典策还在主持盟会之官的手中。现在虢国都要灭掉了,对虞国还偏爱什么呢?再说晋献公爱虞,能比桓庄之族更亲密吗?桓、庄这两个家族有什么罪过?可晋献公把他们杀害了,还不是因为近亲对自己有威胁,才这样做的吗?近亲的势力威胁到自己,还要加害于他们,更何况对一个国家呢?晋献公最终成功吞并虢国和虞国,要归功于他的心狠手毒:一方面以本国宝物作诱饵,诱敌手上钩;一方面六亲不认,不顾同宗亲情,唯利是图。

古代有编写家谱的习俗,一般大户都要立祠堂,修家谱,

常常上推十几代的繁衍分支。如果属于"同谱",即是同一宗族的人,虽然由于种种原因,多年甚至几代没有来往,但只要有一方到另一方登门拜访,对上家谱,都可以认作本家。《红楼梦》中贾雨村因为与荣国府同谱,所以一到京城就马上拿了"宗侄"的名帖去拜见贾政。认宗之后,贾政便成了他的宗叔,就成了走得很近的同族本家了。

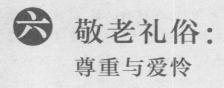

六 敬老礼俗：
尊重与爱怜

　　尊老敬老是中华民族的传统美德，在中国最早的诗歌总集《诗经》中即有"如山如阜，如冈如陵……如南山之寿……如松柏之茂"之句，表明了对老人尊崇之至。在漫长的历史长河中，人们以各种不同的方式和习俗，开展尊老敬老活动。

　　敬老习俗作为中华民族的优良传统，有着深厚的现实基础。作为以农耕为主的古代社会，农作物生长周期长，耕作技术要求高，一般要经过多年的实践才能掌握相当的知识和技术，同时农业知识的传承主要依靠的是老一代向下一代的口耳相传和手手相授。在政治和外交等复杂场面中，也只有一定年纪的人方能积累丰富的经验，并熟练运用这些经验发挥巨大的作用。更重要的是，有经验的老人不但能够管束子弟，教导平民百姓，还能成为治国安邦者的老师和顾问。正是由于这些原因，尊老敬老被纳入礼仪制度当中，并被中华民族所普遍认同。

乡饮酒礼

　　乡饮酒是一种乡党中的集会宴饮,原始氏族社会早已存在这种酒会。"乡"是地方行政单位,在都城近郊,而远郊农野为"遂"。周朝国都附近分六乡,为统治者族人居住区。居者身份比六遂居民高,又称"国人",能参与礼乐活动。乡饮酒又叫"乡人饮酒",是乡中宗族的欢宴,用以加强团结。周人在乡饮酒礼中提倡"尚齿",齿是年龄,就是崇敬长者,礼序长幼尊卑,通过乡饮酒礼来增进人们尊老爱老的传统。

　　从举行地点看,古代乡饮酒礼一般是在乡学,也就是在"庠"中举行。这是因为在古人看来老年人有丰富的人生经验,所以,乡饮酒礼的施行不仅是对老年人的尊敬,而且也是向老年人请教和学习的一种象征仪式。

　　按照《周礼·地官》的记载,乡和州都在春、秋各举行一次;党在季冬"索鬼神"的大蜡祭后举行;国都则在季冬"大饮烝"行大飨礼,这是最盛大的乡饮酒礼。这些酒会都结合比射、选士或养老活动进行。不过,乡饮酒在周代已被更多地赋予了尊老、敬老的内涵,主人是乡大夫,宾为致仕退休在乡的贤能人士,众宾长为族中尊老。

　　乡饮酒礼的仪节主要体现在《仪礼·乡饮酒礼》中,具体来说主要包括:

　　礼前准备。有"谋宾",即商定请一人为宾,一人为介(宾的副手），众宾多人，并从其中选出三个宾长。有"戒宾""陈设""速宾"等节，戒宾如前冠礼，速宾即邀请宾到来，届时也用"三揖三让"之礼请到堂上。

行饮酒正礼。包括主、宾间的献、酢、酬，主人与介的献、酢，主人与众宾长、众宾长与众宾的献、酬。古人饮酒要经过献、酢、酬三节，献是主人给宾献酒，酢是宾回敬主人，酬是互相请饮。这里有的时候会减少酬或酢的环节，与整个程序、人数多少的具体情形有关。

作乐礼节。共四个程序：升歌，乐工上堂唱歌，用瑟伴奏；笙奏，乐工在堂下吹笙；间歌，堂上唱一次歌，堂下又吹一次笙，相间进行，共行三次；合乐，堂下升歌与堂下吹笙同时进行，即合奏。所唱的歌词和吹笙的曲调都用《诗经》中有关的篇章。

旅酬。大家由尊至卑依次劝酒饮酒。旅酬之礼在正献之礼以后进行，它是众宾相酬之礼。众宾按照年龄大小排列，长者、尊者在前，幼者、卑者在后。《礼记·乡饮酒义》云："介酬众宾，少长以齿。"因此在此礼中是有从老到幼的顺序的。

无算爵。这是尽情饮酒的一节。其间有专设人员举杯劝酒，新进肉肴，众人脱鞋升堂而坐等情节。连续不断地举爵饮酒，不计数量，醉而后止，同时乐工不断伴奏和歌唱，尽欢而止，这就叫"无算爵，无算乐"。

礼毕。宾下堂，伴以奏乐，主人送宾到大门外。第二天，宾回谢主人，主人又加以款待。

乡饮酒礼是依照长幼贵贱的标准来规范礼仪的。《礼记·乡饮酒义》说："六十者坐，五十者立侍，以听政役，所以明尊长也；六十者三豆，七十者四豆，八十者五豆，九十者六豆，所以

明养老也。"即规定六十岁以上的人可坐,五十岁以下的人站着并做服务工作;个人面前摆的食器"豆",数量也按年龄而有多少的等差,其目的也是为了尊老尚齿。《礼记集解》说:"乡饮酒之礼,所以明长幼之序也……乡饮酒之礼废,则长幼之序失,而争斗之狱繁矣。"古人认为乡饮酒礼的意义在于明了长辈和晚辈之间的差别,如果乡饮酒之礼废弃了,那就会弄得没大没小,而且可能发生争执殴斗并惹上官司。《礼记·乡饮酒义》又说:"民知尊长养老,而后乃能入孝弟,民入孝弟,出尊长养老,而后成教,成教而后国可安也。"把乡饮酒礼对尊老敬老的要义提升到关系国家、社会安全的层面,认为百姓通过乡饮酒礼懂得尊敬年长者,懂得奉养老人,然后才能在家中孝顺父母,敬重兄长,到社会上才能尊敬年长者和奉养老人,这样才能形成教化,国家也才能和谐稳定。

乡饮酒礼

《盐铁论·未通》也说:"乡饮酒之礼,耆老异馔,所以优耆耋而明养老也。"指出举行"乡饮酒礼"的时候,对于老年人,根据年纪的差别,供奉不同的菜肴,这是为了优待老人而表明人们对他们尊敬的意思。由此可见,乡饮酒礼的重要意义在于培养乡民尊敬老人的伦理观念。

唐宋时期,以"尊德尚齿"为主旨的乡饮酒礼得到朝廷的关注,被正式列入官方礼典,并屡颁诏敕敦促州县推行乡饮酒礼。《大唐开元礼》和《唐六典》都规定县令在冬季举行"乡饮酒礼"。同时,随着地方士人群体对乡饮酒礼的积极参与,乡饮酒礼亦呈现出部分主导权"下移"到地方士人群体的趋势。唐宋时期,在朝廷、地方官和地方士人群体三者的合力推动下,乡饮酒礼逐渐在地方社会中推行开来,其所代表的尊老尚齿、建构和谐乡里秩序的礼义伦理观念开始在更广泛的层面上深入到基层社会民众的意识之中并产生长远影响。

明洪武年间曾下诏制定仪注,着令行乡饮酒礼于学校和民间里社,后来又颁布《图式》,具体规定了在每年正月十五和十月初一举行乡饮酒礼。但程序上有所变化:把司正举杯请饮放在了第一个仪节上。另外,饮酒之后,增加了"读律令",并使犯有过失的人都站着听训,后来又规定这类人列于外坐,自成一席,不得杂在其他人当中,这是一种以礼代法的举措,已与古意不同,也反映了乡饮酒礼的变异。清初沿用明制,顺治时定在孟春之望和孟冬之朔行于学宫,直省及州府县都须举行。雍正元年(1723年),谕示礼部监督顺天府举行乡饮酒礼,说这一尊贤敬老之制,久成具文,筵宴草率,要"加谨举行"。道光年间,把公家给予乡饮酒礼的费用移作军饷,改由地方供给,实际上,乡饮酒礼至此便废置不行了。

尊敬老人是中国这个礼仪之邦的传统美德,也是儒家思想中最具情感意味的道德范畴。在古代社会中,老人在家族、家庭内作为一家之长受到重视是理所当然的,但对别人家的老人、异姓的老人乃至全社会的老人也要重视,这就是儒家倡导的"老吾老以及人之老"的理想社会风尚。乡饮酒礼从周代一直延续到明清,其客观效果已不仅局限于敬老本身,它通过尊贤、敬老的方式,加强了对基层民众的教化,净化了民俗风气,稳定了社会秩序,对促进社会和谐具有可资借鉴的价值。今天,一般宴席中,长者均为上座,这便是沿袭了乡饮酒礼中"习乡尚齿"的传统。

刑罚优免

从周代开始,对于老人在赋役、刑罚等方面开始有明文规定,享有特殊的照顾。在周代,规定七十岁以上的老人可以免除一个孩子的赋役,八十岁以上的老人可以免除两个孩子的赋役,九十岁的老人则全家都免赋役,这样的规定减轻了有老人的家庭其他成员的负担,使老人可以得到更为周到的照顾和赡养。

《周礼》中还规定对于犯罪的年迈老人不能实行刑罚,即使犯罪也要宽恕三次才治罪,这样的规定同样体现了社会对于老人的关怀。周朝不但对老年人的养老制度制定得很完备,而且对老年人还有许多特殊的待遇。据《礼记·王制》记载,五十岁以上老人可以不再服徭役,有资格挂杖了。

到了汉代,汉武帝实行"罢黜百家,独尊儒术"政策后,大力推行"三纲五常"的人伦思想,国家在孝养老人方面做了很多工作。汉武帝时对八十岁以上的老人免除两口人的赋税,九十岁以上的免除全家的兵役,为家庭成员孝敬老人提供了必要的物质保障。同时,汉武帝在全国推行举"孝廉"制度,鼓励社会上尊老爱老的孝行。汉文帝曾下诏书,对于老人,不仅要给予刑罚上的减除,更要给予良好的生活保障。对于八十岁以上的老人每月要供给一石大米、二十斤肉、五斗酒,九十岁以上的老人每月再加两匹帛、三斤絮。在以葛麻衣服为主的汉代,帛、絮可以称得上奢侈品,给予老人这样的生活保障可以说是非常优越的。后来还规定,对九十岁以上老人的救济物必须由县丞亲自前往发放,这些做法本身就提高了老人的社会地位。

汉代对于优老礼还有"赐鸠杖"这一礼俗。汉代时,国家为了倡导人们尊敬老人,对七十岁以上老人要授杖。这种杖"端以鸠为饰",称为"鸠杖"。这就是所谓的"授以鸠杖"。据《王杖诏书令》记载,老人持这种手杖,可以自由出入官府,入宫廷不用趋俯身子。若是打骂持鸠杖的老人,就被视为大逆不道,并要受到严厉惩处。汉高祖曾制"鸠杖"赏赐老人。据《太平御览》记载,在楚汉战争中,一次刘邦战败,逃到草木丛中躲避,时有鸠鸟在上面鸣叫,赶来的追兵看到这种情景,以为这里不会有人,就停止了搜索,刘邦从而得以逃身。所以刘邦即位后,尊重鸠鸟,就在手杖头上雕饰一鸠鸟的形状,以赐老人。当然,早在《周礼》中就有"献鸠以养国老"的记载,郑玄说鸠可以养老"助生气"。但《周礼》中只有"献鸠",没有说"鸠

杖"。东汉人注疏时,才说到"鸠杖",当是从汉初的鸠杖而来的。

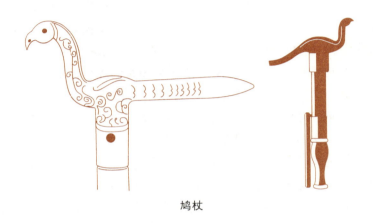

鸠杖

唐代是中国历史上的强盛时期,在敬老礼俗方面同样有了很大的进展。唐太宗时,曾下诏赐给九十岁以上的老人粟三斛,百岁以上另加绢百匹,还派专门的人服侍。值得一提的是,唐代的优老对象包括女性,这是唐代社会开明的政策和文化的一大进步。唐代规定八十岁以上的妇女为"乡君",九十岁以上的为"县君",百岁以上的为"郡君",分别给予不同级别的优待。

宋代在优待老人方面做得不如前代好,有记载的只有宋太宗曾向全国百岁老人赐予布帛和粮食,还派遣地方官员慰问老人。

到了明代,朱元璋登基伊始,就规定家有七十岁以上老人的,准许免除一个人的赋役以服侍老人,对于贫苦的老人还赐予米和肉,家庭富裕的则赐予爵位,这种区分贫富的优老政策也应和了其救济贫民的愿望。

　　清朝是中国封建社会的最后一个王朝,在尊老优老方面也做出了许多超出前朝的成绩,尤其是乾隆时期的人瑞坊和千叟宴。

　　人瑞,本义为人间祥瑞。古代将年高德劭者的出现视为人世盛事,因此将百岁以上的老人称为"人瑞"。历史上最早以建坊的方式得到旌表的老人是宋代的工部尚书郎简,但只是"榜其里门曰德寿坊",而且郎简享年只有八十九岁,远未达到清代建百岁人瑞坊的标准。明代虽有为百岁老人建坊之例,但尚属零星的个别现象,并未形成一定的制度规范。到了清代,旌表百岁则形成一套比较完备的礼制:"凡寿民、寿妇年登百岁者,由本省督抚题请恩赏,奉旨给匾、建坊,以昭人瑞。"(《郎潜纪闻初笔》)对寿至百岁的老人予以旌表,建立人瑞坊。

　　千叟宴是康乾盛世中皇帝为了彰显其治国有方,并表达对老人的关怀和尊敬而举行的规模宏大、参与人数众多的宫廷盛大宴会。康熙五十二年(1713年)在畅春园第一次举行千人大宴,皇帝即席赋诗《千叟宴》一首,故得宴名。据史料记载,清代一共举行过四次千叟宴,分别为康熙五十二年(1713年)、乾隆五十年(1785年)、乾隆六十年(1795年)和嘉庆元年(1796年)。乾隆五十年(1785年),四海承平,天下富足。适逢清朝庆典,乾隆为表示其皇恩浩荡,在乾清宫举行了千叟宴。宴会场面之大,实为空前,当时文武大臣官员、士农工商以及各地方代表三千余人参加了此次大宴。

三老五更礼

古代国君最隆重的尊老礼仪是三老五更礼,《礼记·文王世子》有"适东序,释奠于先老,遂设三老五更群老之席位焉"。可见,从周礼开始,设"三老五更"以示尊老敬老。所谓三老,根据儒家学者的解释,是指"老人知天地人事者";五更,是指"老人知五行更代事者"。另一种解释,是说取法三辰五星可以照明天下的意义。不管哪种说法,封建时代的三老五更,首先考虑的是德高望重且年老的官吏。其次,他们必须是上知天文、下通地理、中达人和的知识渊博的人。从某种意义上来看,三老五更的设置,折射出我国古代社会尊重年老才高者,即敬重老人,尊重知识,这一点仍是值得肯定和弘扬的。

不过,虽然三老五更被历代王朝赋予了神秘而崇高的殊荣,但按照汉代著名儒家学者郑玄在《后汉书·礼仪表》的注解,在实际举行敬老仪式时,三老五更其实都是选派年老致仕的高级官吏担任的。这当然反映了封建统治者的现实考虑和保障王权尊严的用心。为了取吉利祥和的意义,在仪式中担任"三老五更"的人,还必须是夫妻白头到老、子女俱全者,这在古代也是不易完全满足的条件。

东汉明帝永平二年(59年)十月,汉明帝率领群臣在汉代的皇家学校太学,正式举行敬老之礼。根据《后汉书·礼仪志》的记载,这一次敬老的典礼十分隆重。首先,在典礼前的一个大吉大利的日子,由司徒向皇帝提交曾在朝廷担任过三公以上官职、现已致仕的官吏名单。汉明帝从中遴选德高望重、年龄较大的李躬为三老,又慎重地选择曾担任过明帝老师的博士桓荣为五更。这是有记载的最为详细的一次三老五更礼的仪式。

　　敬老仪式隆重而庄严,选择在洛阳太学的辟雍举行。辟雍是太学的中心建筑,中间为巍峨庄严的殿堂,四周环绕着圆形的水池,就像古代的玉璧形状,象征天子的教化周流全国。汉明帝在这里举行敬老典礼,自然含有这样的希冀。这一天,皇帝先乘车来到辟雍礼殿,在东厢入座,然后派遣使者驾安车到太学的讲堂,迎接事先已在这里斋戒的三老李躬和五更桓荣。三老五更都穿着丝织的大袍单衣,以衣领和袖口镶着黑边的中衣作为礼服,头戴进贤冠,手里拄着玉杖。汉明帝在辟雍的门屏亲自迎接,三老五更下车,向天子答拜。然后由礼官把三老五更引导到宾位台阶站立,天子向他们按照礼节作揖。三老李躬进入殿中的西面,面向东坐的皇帝,而五更桓荣则坐在礼殿的北面,面向南方。参加典礼的三公和九卿为三老五更陈设几案,整理衣履。宴会开始,皇帝亲自挽起袖子割下祭肉,恭敬而虔诚地进献于三老五更,并且频频祝酒进肉。这时,宫廷乐队高唱《诗经·小雅》中的《鹿鸣》诗:"呦呦鹿鸣,食野之苹,我有嘉宾,鼓瑟吹笙。"舞队则在殿中跳起"八佾之舞"和"万舞"。殿堂内外,轻歌宛转,舞姿蹁跹,气象肃穆,礼仪庄严。由封建王朝的最高统治者——皇帝亲自导演的敬老养老典礼,显得如此认真、庄重,表现了我国古代对老年人的尊重与景仰。宴会结束的第二天,李躬和桓荣都到宫阙下谢恩,以感谢汉明帝对他们的尊敬和礼遇。为报答老师的教导之恩,

汉明帝还下诏,赐予桓荣以关内侯的爵位,食邑五千户。三老李躬和五更桓荣都以郡太守级的二千石俸禄赡养终身,可见汉明帝对他们的优宠。

　　自从东汉开始确定以三老五更为中心的皇帝敬老礼仪以后,历代王朝的君主都纷纷把这种仪式作为文治的重要象征与实行伦理道德教育的传统方式,同时一直被作为颂扬帝王文治武功、讴歌太平盛世的一项主要内容。它所显示的统治集团对尊重老人的行为的提倡与鼓励的象征意义,对民间敬养老人风俗的形成有重要影响。中国封建社会后期的君主敬老仪式,与前期相比,在程序上和具体做法上都没有太大的变化,只是在礼仪上更为繁琐,对担任三老五更的官员资格限制更为明确和严格。比如唐代规定,担任三老五更的人,必须是曾任三师、三公而致仕的高级官员;列席仪式的国老,由五品以上的致仕官吏担任;庶老,由六品以下的致仕官员担任。可见唐代以后,官吏日益成为封建王朝君主敬老的主体,连庶民老人的象征性地位,也由退休官吏所代替。明清时期,随着皇权的强化,皇帝对三老五更下拜和跪进酒食的尊崇礼节被取消了。明世宗嘉靖年间举行的敬老典礼中,皇帝只是作出准备对三老五更下拜的姿态,而三老和五更都必须放下拐杖,对皇帝稽首逊谢,表示不敢当,皇帝也就仅仅对他们拱手作揖。酒宴的时候,对三老五更的跪进酒肴之礼,也由侍臣代替皇帝进行。

生日与祝寿

《礼记》中有"父母在,不称老,言孝不言慈",认为父母在世,便不能自称年老,也就不能过"寿"。

一般来说,只有人过了五十岁或者有了儿孙,并且父母已经不在,才开始过寿。"寿,久也"(《说文解字》),其本义是指人的年龄大。《尚书·洪范》:"五福:一曰寿,二曰富,三曰康宁,四曰攸好德,五曰考终命。"寿为五福之首,正是在这样的观念下,人们开始追求并开展祝愿长寿的活动。

五福捧寿

商代已经出现了"永命""永年"之类的词语,到战国时期,就有"称觞上寿""为某人寿"的祝辞,不过,这些都是在一般的宴庆场合为尊长或君上所做的赞颂祝贺之词,并不是特定的生辰祝贺所用,还不算是完全意义上的祝贺寿诞的用语。秦、汉继承了战国时代的"上寿",风气很盛。每逢战事胜利、宫殿落成、举行朝仪以及其他喜事而举行宴庆活动,都有群臣举杯"上寿"的礼节。但是这些都不能算作祝寿礼俗,因为不是在某人生日时进行的。

庆贺生日的礼俗,南北朝时始见于记载。据颜之推的《颜氏家训》记载,"江南风俗",在子女周岁时,"亲表聚集,致宴享焉"。此后,每遇生辰,"尝有酒食之事"。唐人封演在《封氏闻见记·降诞》中说,梁元帝年轻的时候,每逢生日,就设斋讲经。明末清初学者顾炎武考察认为,南北朝之前的古人不行生日之礼,至"齐、梁之间",也就是说在南北朝后期,民间庆贺生日才渐成习俗。

据《唐会要节日》记载,生日贺礼是到唐代才冲破父母死亡"忌日"的禁忌正式兴盛起来的。唐中宗经常在生日宴请贵戚、侍臣于内廷。开元十七年(729年),丞相张说上奏唐玄宗,请将皇帝生日八月初五称为"千秋节",并休假一日。千秋节就是把诞辰当做节日来庆贺了。群臣百官在这一天要献"万寿酒",王公贵胄要进献"金镜绶带",即各种精美的铜镜和绶带,皇帝在御楼张设宴乐,全国的士人庶民普遍欢庆。生日贺礼从此就开始大操大办了。后来唐肃宗又将自己九月初三的诞辰日定名为"地平天成节",之后的唐朝历代皇帝都有生日纪念活动。

皇室祝寿成风,民间自然也会广泛流行。唐人封演的《封氏闻见记》说:"近世风俗,人子在膝下,每生日有酒食之会。"可以说明中唐时,子女已广泛为父母的生辰做寿了。据宋人王谠《唐语林》记载,太尉西平王李晟过生日,已出嫁的女儿回家来祝寿,"中堂大宴",好不热闹。《金华子》记载文士李郢在外地,急于赶回家,为妻过生日,中途为友人挽留,于是赋诗《为妻作生日寄意》:"鸳鸯交颈期千岁,琴瑟谐和愿百年。应恨客程归未得,绿窗红泪冷涓涓。"这些事例说明,唐代做寿庆贺,已有深厚的群众基础。据冯梦龙《古今谭概》记载,相传唐代有位张县令公然告白,某月某日是他生辰,并特意在布告中申明"诸县人不得献送"。县吏们会意,在县令生日当天"各持缣献之,曰续寿衣。宰一无所拒"。这是借生日之名,肆意搜刮吏民的典型事例。

宋朝发展了唐皇室的祝寿风气,普遍设立了皇帝的"降诞"节,而且每个皇帝的生日都有专名,如太祖为"长春节",太宗为"乾明节"……一直到南宋度宗的"乾会节",可算是空前绝后。过节当天的庆祝活动日渐繁盛,到宋徽宗时,为庆祝其寿诞"天宁节"要分两场进行,一场比一场盛大,有进寿酒、祝寿词、奏乐、舞蹈等,成为宋代登峰造极的一项礼俗。以后各朝代大体沿袭或者更加奢华,但是没有这么多的诞节名。

与此同时,民间的生日贺礼,已经完全成俗。司马光《居家杂仪》中有"上寿于家长"一节,记述了当时的仪式:下辈盛服按次序站立,先再拜,由子弟中最年长的一人进酒,致祝词,俯伏,再拜。家长命坐,以酒酬答下辈,又序立饮毕。以简约的文字展现了当时民间上寿礼俗的梗概。

明代皇室没有继承宋朝的那套盛典,史志也无记载。但到了清代皇室则变本加厉,清代皇室的太上皇、皇帝、皇后都

有生辰贺仪,皇帝的称为"圣寿节",皇后的称为"千秋节",举行时场面铺张、豪华,远超宋代。如康熙六十大寿时,即康熙五十二年(1713年),皇帝在畅春园中大宴直隶省现任、致仕的年老官员四千多人,还有各族的老年军职两千七百人。乾隆皇帝为皇太后庆祝七十大寿时也依照康熙的成例,广开寿宴,宴请数千老人到会。嘉靖年间,皇帝六十大寿时,皇城各园苑、寺庙、街坊都张灯结彩,悬挂匾联,奢华程度和耗费与康熙、乾隆时相比有过之而无不及。

皇室大兴其道,民间的寿庆、生日贺礼同样蔚然成风。庶民百姓家因经济条件所限,做寿仪式较为简单。长辈生日,往往只在家中设一寿堂,晚辈及亲友送一些寿礼,向长辈拜寿,聚吃一顿简单的寿宴,即算做寿。而达官贵人、富豪之家,做寿之风愈刮愈盛。清代官宦大族的寿庆与生辰贺礼,通过《红楼梦》中的描写可见一斑。贾母八十寿庆时,荣宁二府齐开宴席,热闹了七八天。上寿礼、唱戏、僧人念经、焚天地寿星纸、放生等,仪式异常繁缛。贾宝玉过生日时,也有高朋贵戚、达官贵人送来各种祝贺礼物;园内姑娘们凑钱预备果酒。生日当天,贾宝玉在园内烧天地香烛、烧纸、行礼、奠茶,到宗祠、祖堂礼拜。这大体上反映了这个阶层的礼俗。

清代的官宦和富裕之家,设寿堂、摆寿烛、挂寿屏,张灯结彩。行礼时,寿堂正中设寿翁之位,下辈儿孙和晚辈亲友行上寿礼,依尊卑长幼或跪或拜,有的还致辞。贺寿礼已不局限于寿屏、寿障、寿联,而代之以金银、宝玩、彩缎等。《红楼梦》中贾母寿辰时,"自七月上旬,送寿礼者便络绎不绝。礼部奉旨:钦赐金玉意一柄,彩缎四端,金玉杯四个,帑银五百两。元春又命太监送出金寿星一尊,沉香拐一只,伽南珠一串,福寿香一盒,金锭一对,银锭四对,彩缎十二匹,玉环四只。余者自亲王驸马以及大小文武官员之家凡所来往者,莫不有礼,不能胜记。"可见当时寿礼的丰盛程度。明清时期做寿时演寿戏成为风气。明清时期,宫廷里和官宦殷实人家,盛行请戏班演戏贺寿,所演剧目多为神仙戏。一般家庭请不起戏班,有时也要请一两位民间艺人唱戏。这种"席上摆着寿酒,台上唱着寿戏"的情景,几乎成为当时有钱人家做寿的基本模式。

不论是乡饮酒礼中"尊老尚齿",还是"三老五更"礼中跪进酒肴,不论是为年长者"授以鸠杖",还是向老人"献酒祝寿",都是敬老习俗在不同社会生活中的体现。作为中华民族普遍认同的优良传统,敬老习俗强调晚辈尊敬老人,子女孝敬父母,爱护、照顾、赡养老人,使老人们可以颐养天年,享受天伦之乐,这种精神无论过去、现在还是将来,都具有普遍的社会意义。古人把孝道即敬老、爱老、养老列为学校教育和社会教化的一项重要内容,并将孝道教育的目标设定为:使敬老养老观念由家庭推广到社会,并通过社会教化与社会教育的结合,有效地营造一种尊老敬老的社会风尚,鼓励人们"老吾老以及人之老,幼吾幼以及人之幼",把孝敬父母、爱护子女的道德情操推己及人,尊敬、爱护和关心天下所有的老人和儿童,以推动家庭和谐与社会进步。

尊老养老,特别是孝敬本族的长辈,是中华文化最基本的道德规范,在中华民族当中流传着各种各样的敬老习俗,如汉族为老人过生日时做长寿面、敬长寿酒;壮族为年迈的父母放寿米缸;拉祜族新娘给村里老人送洗脚水;赫哲族新娘过门时要听老人训古,等等,体现了我们整个中华民族尊老敬老的美德和传统。

礼俗风尚——文明的光辉

百寿宴

  在我国进入人口老龄化社会的今天,倡导孝道文化具有更深远的社会意义和现实的指导意义。据有关资料预测,到2025年,我国老年人口将达2.8亿,约占总人口的20%,80岁以上的老年人数也将达2500万人,如何安排和解决好亿万老年人的养老问题,是我国21世纪的重大战略任务之一。

七 丧葬礼俗：
告慰与缅怀

荀子认为"事生，饰始也；送死，饰终也"，表明古人认为丧葬的意义是为了明生死大义，表达生者对于逝者的哀敬之思。当一个人走完人生旅途，最终告别社会时，亲戚友人要哀悼、纪念、评价亡人，寄托哀思。事实上，人已经离世，丧葬仪式如何安排，逝者全然不知，其实都是活着的人在做主。人们常说，丧葬礼仪仪式是做给活着的人看的。逝者与健在的人在以往生活中建立起来的深厚感情，逝者离去，活着的人在心理上一时无法适应，只有借着丧葬礼仪仪式来宣泄这种悲伤的感情，并表达对逝者的哀悼和怀念，因而表现出一系列行为方式，此乃人之常情。

葬　俗

邻有丧，舂不相

周代的丧葬礼俗充满人性温情，当时有这样一句谚语："邻有丧，舂不相；里有殡，不巷歌。"舂，是杵臼舂谷去壳成米。进行这种劳作时，二三人一起围着石臼，一面持杵舂谷，一面同声喝歌，互相应和，古称为"相"。谚语是说，邻家有丧事，舂谷时不要歌唱；乡里人家有殡柩停着，不在巷子里唱歌。这很能说明当时人们对逝者所持的深切同情心。《诗经》里有"凡民有丧，匍匐救之"的诗句，说明对丧家不止同情，还要给予帮助。

从原始社会进入成文历史时期，丧葬观念和习俗变化很大。大概在旧石器时代晚期，开始有埋葬死者的习俗。人们认为死者同活着的人一样，有住所、有出入、有日用品等需要。不过，可能还没有产生悲伤的感情。因而那时的安葬也很草率，墓地不加封土栽树作标志，葬在野外，只用柴薪围在四周。最初也有不埋葬的；也有去尸肉而埋骨的；也有堆柴用火烧的。这些都近似于近代一些民族中还在实行的"兽葬""天葬""火葬"，当时人们并不以为有什么悖理，这是当时社会条件下产生的意识和风俗。

先秦时代丧葬礼俗发生了一个很重要的转变,即从原始信仰灵魂观念升华到社会伦理范畴。人们开始重视"吊生恤死",人们对死者悲伤,对丧家慰唁,形成了一整套复杂的丧葬礼仪,奠定了后世丧礼的基本模式。《礼记》里说道:人类应该具有悼亡的感情,指出凡天地间的动物都有对同类的同情心,从大鸟兽到小燕雀,当失去群体、配偶时,要环绕故地飞翔、鸣叫,方才慢慢离去,这叫作"物伤其类"。而人应当有更高的理性,对亲人的情感到死也不会消除。否则,那真是连鸟兽都不如,在社会群体中也会乱来的。而先秦时代的丧葬伦理,即是以这种纯真的感情为基础的。《礼记·檀弓》记孔子的话说:把死人硬看作无知觉,纯依理智来处理丧事,则为感情所不忍,这是不仁;但是,把死人完全看作与生人一样,全从感情出发,流于迷信,那就是不智。孔子强调把仁与智结合起来,这是处理丧事的妥善方法。

厚薄葬,争不休

在阶级社会中,伴随丧葬伦理化而来的是厚葬风气,这种风气在统治阶级中愈演愈烈。今天在考古发掘中可以看到商代后期王室丧葬的奢侈靡费令人惊叹。《墨子·节葬》早已对此做了基本的概括:"王公大人有丧者,曰:棺椁必重,埋葬必厚,衣衾必多,文绣必繁,丘垄必巨。"指出当时的贵族墓葬必定要用外棺和内棺,纹绣、衣衾放置很多,坟墓雄伟可比山陵。他们的坟墓里有大批的随葬物品:金玉珠宝、丝绸、车马、各种青铜器物。特别是用人殉葬,数量也不少,惨无人道,天子杀殉,众者数百,寡者数十;将军、大夫杀殉,众者数十,寡者数人。

古人所述和今天的考古发现完全相同。这是奴隶制时代的特点,而这种风气却一直延续到封建社会。

先秦时代就存在反对厚葬、主张薄葬与节葬的观点,墨子如此,道家亦然。儒家一般也是主张办丧事要节约的,除了丧礼上主张繁文缛节外,又提出要量家之有无,所谓"称情立文""立中制节",即适情、适中地行用礼制、仪节,不要过分;能够用衣衾收敛,下棺安葬就可以了,叫作"敛手足形,悬棺而封"。孔子对得意门生颜渊的早逝,非常悲痛,但不主张用椁安葬;他极力称赞吴国季札薄葬长子的行为。荀子提倡丧礼适中,认为刻薄死者而厚待生人,固然不对;相反,刻薄生者而厚葬死者,叫作糊涂。"杀生而送死",那简直是凶残。

从西汉到魏晋时期,薄葬风继先秦以来而大有发展。这时,有许多提倡薄葬理论并身体力行的人物,开始形成一种思想体系。从西汉以裸葬闻名的杨王孙到北齐的颜之推,一大批人士都是著名的薄葬提倡者和实行者。除裸葬者无葬具、葬品之外,薄葬一般是:深圹、单棺,随葬平日随身衣服和爱用的一两件器物或书籍,稍行祭奠,只求速葬速朽。

著《论起昌陵疏》的西汉刘向、著《潜夫论》的东汉王符、著《遗书》的赵咨等,这些人士并非老庄的追随者,却能彻悟性命之道,超脱生死界限,论述人生的自然道理。在他们看来,人死亡了,尸骸变成朽物,化为泥土,厚葬根本没有任何作用,棺椁反而"隔真",违反自然。他们深刻揭露社会浮华奢侈的厚葬弊端,认为把养生的财富用来供奉死丧,既劳民伤财,又引起掘墓的恶果,就好像埋金于路边,还特地做标记,招致他人来夺取,遭受抛尸露形之祸。

但是中国封建专制权力之大、可供压榨的民众之多,使统治者认为有权力就要行使,有财富就要挥霍、炫耀。而仁人智士则是坚持"德弥厚者葬弥薄,智愈深者葬愈微"。厚葬和薄葬的对立,从此一直贯穿于历史长河之中。

到了唐代,厚葬之风愈演愈烈,尤以高官富豪为盛。如李义府为了改葬祖父,大肆征集七个县的人伕从事,三原县令也因参与其事而劳累致死,王公贵戚前来赠助,大排仪卫,自长安灞桥至三原七十里的路程上络绎不绝,送葬排场实是空前,也反映了当时社会丧事奢侈之风盛行。另一方面,唐代提倡薄葬的知名人士亦是不绝于史,并且身体力行,如魏征、孙思邈、王绩等。

宋代的厚葬之风依然存在,虽然宋代皇陵与前代相比规模偏小,都是平地建造的,且不预为营建,并规定在七月而葬的限期内完成,但是筑陵工程依然浩大,如宋真宗的永定陵动用民工三万多人。民间的丧葬奢靡之风主要体现在采用佛道和鼓乐、宴客上,并习以为常。宋元时期,在一些地区还实行火葬,尤其是在河东、浙右和福建等地。火葬的习俗,除受佛教影响外,还受到中国传统的乘火上天或灵魂易归故土观念的影响,也有地狭人众和家无资财的经济原因,其实质也是种薄葬的方式。

明清时期的丧葬仪俗基本沿用宋代更革后的成式,主要以朱熹的《家礼》为框架,但由于各地区的差异和各阶层的贫富有别而各不相同。

安葬法,千百样

在我国古代社会中,由于地域和民族的不同,人们对于死

者遗体的处置方式各不相同,形成了各种繁杂的丧葬方式。其中包括土葬、火葬、水葬、树葬、天葬、悬棺葬等多种形式。《南史》记载有:"死者有四葬,水葬则投之江流,火葬则焚为灰烬,土葬则瘗埋之,鸟葬则弃之中野。"

　　土葬是汉民族最为普遍的葬式,这与汉民族世代农耕有着密切的关系,"入土为安"的思想,使得人们认为将逝者的遗体深埋于土中是灵魂得以安息的最好方式。《礼记·郊特牲》有"魂气归于天,形魄归于地"的记载,认为只有将逝者的遗体埋于地下,脱离形体的灵魂才能升至天堂。如果逝者不能入土为安,那么其灵魂只能游荡在世间。这种灵魂观念的形成,使得人们的土葬意识更加强化。土葬在旧石器时代就已经形成,到新石器时代已经非常普遍了。常见的土葬形式主要有两种:一种是竖穴墓,指自地面向下掘土为墓穴,棺木下葬后,垒土为坟(也有不垒坟的)。竖穴墓自新石器时代以来一直流行。比较讲究的竖穴墓,在墓室四周构置木撑或砌上砖石,称

坟墓

作"木撑墓"和"砖室墓"。木撑墓始于商代,战国、西汉时流行,汉代以后少见,典型的如长沙马王堆汉墓,即为木撑墓。砖室墓常见于战国、两汉及之后。另一种是洞室墓,指先自地面向下挖一墓道,在墓道顶端掘洞作为墓室,棺木入葬后,封堵墓门墓道。洞室墓始于战国晚期,流行于汉代及以后各代。历代帝王的陵墓,有不少即属于此类。洞室墓除建于地表以下者外,也有在山体中营建洞室墓的,唐代的帝王墓多数属于此类,如武则天的乾陵。

火葬是将逝者遗体用火焚化的丧葬方式。火葬在我国古代由来已久。从先秦至东汉后期,火葬盛行于部分游牧民族。至秦汉时,火葬习俗流行于我国一些边远山区的少数民族之中。据《后汉书·南蛮西夷列传》载,四川汶山郡的当地土著人"死者烧其尸",即将逝者的尸体焚烧。火葬在汉唐时期边远地区的少数民族中十分流行,并成为部分少数民族的主要葬俗,如羌族、突厥族、契丹族等都普遍实行火葬。如《旧唐书·党项羌传》记载:"死则焚尸,名曰火葬。"但这种方式对于儒家士大夫而言是难以接受的,他们认为这有损于人伦道德,是"不仁不义"的愚昧、蛮化之举。因此,宋代之前在儒学思想根深蒂固的中原和南方地区一般都不实行火葬。汉唐时期,佛教传入中国,依照佛规,僧侣死后要用火葬。从这一时期开始,佛教徒较多实行火葬。在我国古籍中,有关僧侣死后焚身的记载颇多。如《高僧传》记载鸠摩罗什死于长安后,他的弟子依照佛教规定,将其尸体焚化。

到了宋代,火葬则更多地成为民间的一种丧葬习俗,并在民间悄然流行。明末清初学者顾炎武在《日知录》中认为火葬之俗盛行于江南,自宋代开始出现。《日知录》中还特别提到宋

礼俗风尚——文明的光辉

真宗时期的宰相王旦，因为痴信于佛教，临终遗命要求剃发穿僧衣入棺，而且要求棺中不得放金玉等物，用火葬法，骨灰放在塔中而不立坟。

《宋史》记载吴越等地，在社会盛行的厚葬之风下，丧葬费用昂贵，花费巨大。那些家庭贫困的人，死了以后，但求薄葬，减少开销，因此火葬成了最佳选择，民间相习成风。虽然宋朝官方极力禁止火葬，但是民间的火葬习俗一直沿传下来，并成为今天的主要丧葬方式。

悬棺葬是分布于华南和东南亚地区的十分古老而又奇特的丧葬习俗，它是将逝者遗体安置在棺材里，再置于悬崖上风化的一种丧葬习俗。这一习俗流行于商周时期，直至明末清初在我国长江流域及其以南的福建、江西、浙江、台湾、湖南、湖北、贵州、四川、云南、广西十个省区及东南亚地区的一些少

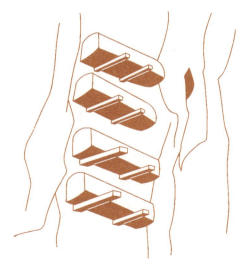

悬棺葬

数民族之中仍有遗存。早在三国时期，东吴丹阳郡的太守沈莹，因任江苏、浙江、安徽三省交界地区的地方官，对东南沿海地区的风土人情非常熟悉，他在《临海水土志》中便详细记载了沿海地区的悬棺葬俗："安家之民悉依深山……父母死亡，杀犬祭之。作四方函盛尸，饮酒歌舞毕，乃悬著高山岩石间。"这是迄今已知在我国历史文献中最早关于悬棺葬俗的记载。唐代杜佑著《通典·边防》记述了湖南湘江流域土著的悬棺葬俗："取死者骨，以小函子盛，置山岩石间。"清代乾隆年间《珙县志》记载有"其俗亲死不葬，悬棺高岩垒峭壁间"。

　　天葬是藏族特有的丧葬形式，也是藏族民众普遍接受的人生终结处理形式，是藏族人生礼仪中重要的仪式之一，至今仍流行在西藏、青海、甘肃、四川等地的藏族民众中。天葬是将死者遗体送到特定的场所——天葬台上，然后再由专业的天葬师对尸体进行处理后，喂给鹫（一种高山兀鹰）吃掉，所以又称为"鸟葬"或"鹰葬"。

　　天葬习俗与西藏的地理环境、气候因素以及藏传佛教文化有着密切联系。青藏高原地势高峻、气候酷寒、物质资源相对缺乏。土地常年冰封，难以挖掘，决定了土葬不能实行；森林资源匮乏，柴薪不足，火葬同样不行；水葬又受制于当地河床低浅且容易污染饮用水等问题。藏族人民将天葬台周围的鹫鹰认定为"天神""空行母"，认为它们是可以联系天与地的精灵，天葬是通往理想天国的最好途径，借助于神鸟的力量，灵魂能顺利脱离肉体升入天堂并能够得到好的轮回。受佛教的影响，藏族人民也将天葬视为一种最为彻底的施舍，是在此生的最后做了一件有功德的事情。

礼俗风尚——文明的光辉

葬 仪

丧葬礼俗伦理化之后,中国古代社会一直把办理亲人的丧事看得极重,从先秦时期开始便形成了一套完整的礼仪制度;虽然有繁缛之弊,但也是相当文明的。这里依据我们今天所见到的《仪礼》中的《士丧礼》《既夕礼》《士虞礼》对葬仪中的主要部分予以介绍。

丧葬礼仪开始于人之将死时。在病人生命垂危时,亲属要给他穿戴好内外新衣;否则,就是"光着身子走了",亲属会感到十分遗憾和内疚。在病人咽下最后一口气前,亲属们要把他移到正屋的灵床上,所谓"寿终正寝"。在死者刚去世时,亲属要用细物放在死者口鼻处试气,查验其是否真的死亡了,先秦时期使用蚕丝或绵,明清时期使用黄表纸。接着要行招魂之礼,谓之"复",亲属拿着死者的衣服,登屋向北方呼喊死者的名字,希望召回其灵魂。喊毕再拿着死者的上衣覆盖在死者的遗体上。

招魂以后,设祭帷堂,由亲属将酒食等祭品放置在死者东侧,然后哭祭。再给死者沐浴,换上新衣,移尸于正屋中间,举行祭奠。

洗浴后,行饭含。即在死者口中放入粮食、钱币、珠玉等物,《周礼》所谓"饭所以实口,不忍虚也",把粮食掺和碎玉放入死者口中称"饭",放入死者口中的玉块等称"含"。还在死者手中、耳中塞进珠玉等物,为其戴帽、穿鞋等。在此期间,死者的家人和亲戚要更换素布白衣,并设铭旌,上写"某氏某之柩",挂在竹竿上置于堂前西阶,作为亡魂所在的标志。

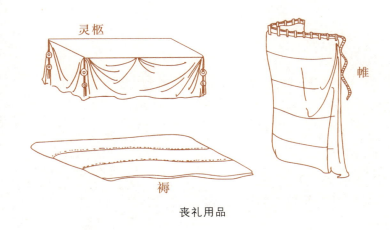

丧礼用品

同时要向亲友报丧,即后世的讣告。亲友得讣告后即来吊唁,同时携来赠送死者的陪葬衣物等。这些程序都是在初终的当天完成,只是吊唁的时间有先后。

第二天小敛。即为死者着装,用绞布扎束,先秦时期,不论贵贱,一律要穿上十九套新衣,象征天地之数,入殓的衣衾,富贵之家用锦衣、珠襦(短袄)、玉衣,甚至有以金线连缀而成的金缕玉衣。在小敛时,家属要抚尸悲哭,至亲者捶胸顿足。

第三天大敛。即举行死者入棺的仪式,由丧主(主持丧事者)奉尸入棺、盖棺,举行大的祭奠,宾客致礼,亲属不断痛哭。大殓后的棺称为"殡",含亡人已成宾客之意,要停在客位的西阶,直到送葬时(先秦时期规定士阶层为三个月)为止。亲属

按与死者的亲疏关系穿着正式的丧服，有的要持孝棒（杖），又称"成服杖"。

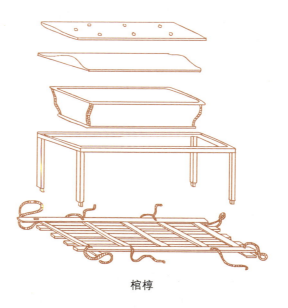

棺椁

送葬之前，要选定墓地、营造墓穴、刻墓碑墓志、置办送葬用的冥器，随葬品用珠玉珍宝，还特制金钱称为"瘗钱"，用陶制的房屋、车马、婢仆和玩物及日用器具，取代从前的"涂车刍灵"，即草木束扎的简朴随葬品。

送葬前一日要起殡，又叫迁柩。葬前用灵车载柩迁入宗庙，并行祭奠，称为祖奠，也叫朝祖。出殡时有路祭仪式，以宾客众多为荣。送葬当天，也叫行柩，后世称出丧，即下葬日送柩至墓地。亲友都来送葬兼赠助葬物品，同时举行祭奠。葬期已不按照先秦时期的等级制度安排，而是长短不一，从数日到两三百日都有。葬日有忌日之说，葬地有风水之说。士阶层为"逾月而葬"。最后是下葬,即把棺柩安放进预先掘就的墓穴中。这时也要祭奠,丧家肃立默哀,丧主哭踊,然后封土。

送葬

安葬以后要举行虞祭。虞祭是安灵之祭,举行三次,目的是使彷徨无依的亡灵得到安定。祭时有迎尸之礼,"尸"是生人替亡灵受祭的代替者,死者性别为男,用男子充任"尸",死者性别为女,用女子任"尸"。这时,丧家还要用桑木制作神主,即灵牌。

在此之后,还要把死者神主送入宗庙,附于历代祖先神座之后,称为"祔祭",在下葬后第二天早上进行。死者去世满一周年时举行小祥祭,丧服改用练冠(白绢),以新做的栗木神主取代原先桑木的,称作吉主;满二周年举行大祥祭,改服缟冠(白色绢的一种);再隔一月即第二十七月举行禫祭,除丧服,也就是丧服期满,"禫"为淡然平安之义。丧礼至此全部完成。

丧服与居丧

丧服和居丧,是丧礼的一个重要部分。西周之初就有"丧服"一词。周成王去世,康王即位,他在朝仪完毕后便马上"反丧服",即又穿上丧服,但这一时期的丧服是什么形制目前未见更详细的记载。

丧礼五服

最早明确记载丧服名称和居丧礼的,是春秋中期齐国晏婴为父亲居丧:"粗縗斩,苴、绖、带、杖,菅屦,食粥,居倚庐,寝苫,枕草。"就是穿最重的斩衰丧服,系着麻制的带,持孝杖,穿草鞋,只吃粥,住在守丧的木屋里,睡在草席上,头也枕在稻草上。这要算是最早也是最完整的孝子居丧的情形了。

后来,孔子和孟子都倡导三年丧和孝子守孝的规矩,所谓"齐疏之服,飦粥之食",穿粗布丧服、吃稀饭,基本如同晏子所行。

至于三年丧的问题,也是最早在春秋中期稍后时提到的,晋国叔向说周景王的穆后和太子同年死亡,"王一岁有三年之丧二焉"。这是说夫为妻、为长子都服三年丧(这是一种古制)。但在这时,一些国君死、后君即位的当年或次年,就举行祭祀、嫁娶等活动,都违反居丧的要求,说明当时三年丧制似乎还在形成之中，未成定制。或者，当时服丧期间活动并无特别的限制。要不，便是当时服丧期间的活动并无严格的限制。

三年丧的原理是"子生三年，然后免于父母之怀"，要用三年丧作报答。战国后期，荀子正式提出"三年之丧，二十五月而毕"的制度，这为秦汉以后所实行；又有人考察较普遍采用的应该是二十七个月。

关于先秦时代的丧服丧期，《仪礼·丧服》已有完整、详细的记载。丧服包括冠饰（兼发饰）、衣、裳、带、屦（鞋）。衣、裳称"衰"（缞），带称"绖"，合称"衰绖"。丧服以质地最粗糙、服期以最长者为最重丧，依次递减、递轻。另有执"杖"与否之分。丧服上的"五服"，大体是依据宗法与庙制的五级亲属：高、曾、祖、父、己身立制，己身下至玄孙亦然，就是渐疏远渐减服级的。这里简要介绍：

斩衰：服期三年，为"五服"中最重的丧服。用最粗的生麻布制作，断处外露，而且不缉边。表示毫不修饰以尽哀痛。有丧帽、丧带、丧鞋，并有苴杖。这是臣为君主，子及未嫁女为父亲，直系孙为祖父，妻子、小妾为丈夫和公公，父亲为长子所服。

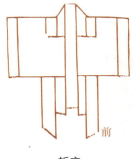

斩衰

齐衰："五服"中列位二等，次于斩衰。其服以粗疏的麻布制成，衣裳分制，缘边部分缝缉整齐，故名齐衰，这有别于斩衰的毛边。具体服制及穿着时间视与死者关系亲疏而定。齐衰三年适用于父亲已去世，子及未嫁之女为母亲服丧，或者母亲为长子服丧；齐衰一年、用丧杖，适用于父亲还在世，子及未嫁女为母亲服丧，或者丈夫为妻子服丧；齐衰一年、不用丧杖，是为祖父母、伯叔父母等，或者已嫁女为父母，或者祖父母为嫡孙服丧等；齐衰三月是为曾祖父母、高祖父母服丧等。

大功：服期九月，其服用熟麻布做成，较齐衰稍细，较小功为粗，故称大功。堂兄弟、未婚的堂姊妹、已婚的姑、姊妹、侄女及众孙、众子妇、侄妇等之丧，都服大功。已婚女为伯父、叔父、兄弟、侄、未婚姑、姊妹、侄女等服丧，也服大功。

齐衰

大功

小功：其服以熟麻布制成，视大功为细，较缌麻为粗，服期五月。凡本宗为曾祖父母、伯叔祖父母、堂伯叔祖父母，未嫁祖姑、堂姑，已嫁堂姊妹，兄弟之妻，从堂兄弟及未嫁从堂姊妹；外亲为外祖父母、母舅、母姨等，都用此丧服。

缌麻：缌为麻丝，布缕最为细密，服期三月。为族曾祖父母、族祖父母、族父母、族兄弟（即祖父母的伯叔父母以下的四辈），为曾孙、玄孙等服丧用。

小功　　　　　　　　　缌麻

另外，对未成年的死者（十九岁以下）服丧，有殇大功九月、七月和殇小功五月三种。

这套丧服制度完整地体现了当时存在的宗族结构和宗法制度的内核，从丧服中可以看到以丧主（宗子）为中心，向

上、向下和向旁的亲缘关系，逐渐由重到轻、有次序的丧服系列。

丧礼史迹

西汉时期，汉文帝提出"短丧"，凡三年丧服改为未葬服斩衰，既葬便服大功十五日、小功十四日，还加上"纤服"（古代除丧服时戴的一种丧冠）七日，合之为葬后三十六日即除丧服。这是对古制的一次重大变革，原因和文帝的节俭、崇尚黄老思想有关。由于与古制的差距过大，当时也许一度实行，但毕竟难以贯彻下去，所以不仅后世，即使西汉在实行中也是或从或违，趋势是渐渐恢复终丧三年。到哀帝时便明文规定，博士"予宁三年"，予宁就是归家居丧，实际上是三年丧的一种提法。王莽复古，三年丧自然在其中。到了东汉重视名教，要求普遍实行三年丧制，桓帝进而提倡"遵国典"，不服三年者就少见了。

曹操提倡短丧，他临终下诏，要求"葬毕，便除（除服）"。晋朝沿袭，也是既葬除服。晋武帝和大臣王祥、郑冲等都想恢复古制，但未能实现。后来，武帝自己居丧也不过是坚持服深衣加素冠、减损膳食规格而已。他的短丧遗令，只是说"天下尚未安定，未得遵古"，是权宜之计。而西晋杜预作为经学家，考证古代未曾实现三年丧制，这影响就大了。故而东晋一些皇帝居丧虽然很投入、刻苦乃至过度，丧期却只有七个月（当由古制天子七月而葬，由既葬除服的新制而来）。由此，在南北朝的各代皇室中，有实行三年丧的，也有不行而做一些权宜变动的。

一般官民居丧沿用旧制者居多,东汉一代比较突出,而后及魏晋南朝,这类严格守制的记载也不少。孝子们倚庐守孝,按照先秦礼制而寝苫、枕块、食粥。他们有的甚至数日不食,有的过哀而死,有的徒跣、披发,有的亲自负土起冢。甚至有的还成倍地延长丧期,有的70岁为101岁的亡母服丧不懈。像东汉韦彪,父母死,都守丧三年,足不出庐寝,待到丧期满后,已经是骨瘦如柴,积哀成疾,治疗了好几年方能起床。这时的经学家杜林(及其弟杜成)、蔡邕等人,都以尽孝、尽丧而著名。

　　这些事反映了当时部分人严守古制,尽心笃孝。然而,其中一些过礼逾制,以致妨害身体的做法,并非一般人所能做到,也违背了"礼源人情"的原理,就是"愚孝"了。有的为了追寻骨肉之亲,采取了所谓"滴血验骨"的奇异做法,著名的如东晋的孙法宗、南梁豫章王萧综等。

　　这时期的"夺情起复",既有朝廷的"以义断恩",强抑人情,也有一些官员坚持礼制而守丧。朝廷固然也诏令听任官民终丧,如汉宣帝"地节诏令"美名长扬;但是不少皇帝仍随意"夺情",有的朝臣抗疏"不起"而得到宽容乃至嘉奖,有的被强制启用赴职,或经周折而能终丧。三国时吴国著名县令孟宗丧母,便坚持奔丧。服丧后,亲自戴着刑具来到武昌,听从刑罚。由于陆逊向吴帝陈述他素行甚善,孙权方给他减罪一等。

　　西晋时,大鸿胪郑默母丧既葬之后,朝廷要他复职视事,但他多次陈述守丧之志,不听"起复"。结果武帝只好允许他终丧,并由此确定大臣都可终三年丧。还有国子监祭酒顾和以及梁朝的司徒任昉都是这样坚持服完父、母丧的。任昉还

在上书中趁机抨击当时一些人听便"起复"以保住禄位,不惜"亏教废礼"的丑恶现象。这是几个具有代表性的事例,可见这时一些士族比较守礼自励。

当然,另一方面,居丧不尽礼,甚至不服亲丧,匿丧求官,或伪装居丧以沽名钓誉之徒,也不乏其人。这类人为人所不齿,或受到讥讽,或受到惩处,有的被贬官、流徙。东汉谄媚梁冀、出卖好友而得到郡守职位的甄邵,遇母丧隐匿不报,草草埋葬。后来被李燮痛打一顿,在其背上大书"谄贵卖友,贪官埋母"八个大字,又上表揭发,结果甄邵被禁锢终身,不得再从事求官活动。这是很典型的一个例子。

至于魏晋南朝的一些清谈之士,蔑视名教,旷达放任,不守丧纪,则是另一种情况了。

唐代居丧一般都坚持三年丧要居依庐,衰服节食,不嫁娶,不宴乐。唐代对于大臣也有丧中"夺情起复"的,而居丧的大臣也有坚持终丧而"夺情不起"的。张九龄丁母丧,入京请求终丧,而未得朝廷批准,但是坚持丁忧,太宗多次遣人至其宅邸教谕,被迫就职;但很快他又上奏坚辞"起复",要求终丧。

丧服制度,宋朝有所更改。内廷皇族实行三年丧,二十七月终服;外廷、地方则用短丧,"以日易月",即二十七天终服。民间这一般依照唐制,为父母服斩衰三年,妇为公婆同夫亦服斩衰,为出(嫁)母服期丧(一年)。到了南宋,朱熹的《家礼》规定大功以下都不用衰服,期丧和三年丧的到卒哭时也换去衰服。这些丧礼、丧服的简化对后世影响很大,明清时代除了明初之外都使用宋制。

明代洪武年间,有一次加重服制的决定,即在唐代重服制的基础上,把服斩衰三年扩大到子为继母、养母,女为父、母,嫡孙为高、曾祖父等亲属间。这一制度的实施主要是由朱元璋个人的复古倾向所决定的,只是昙花一现。到了清朝,连内廷有时也以日易月了,只有雍正、乾隆力排臣议,坚持皇帝行三年心丧。清代民间守丧情况参差不一,有的地方还有守二十七个月的,已嫁之女也要为父母戴孝三年。但一般情形多是七七或百日后除服,在周年和新岁,孝子则服一次衰服行祭。

掩骼埋胔

"掩骼埋胔"就是殓葬无人埋葬的尸体。《诗经·小弁》说:"行有死人,尚或墐之。"行,指道路;墐,指作路冢。意思是说道路上有死人,要哀怜其暴露尸骸而加以掩埋。《周礼·秋官》中就提到管理"除胔"之事,对死于道路者,派人掩埋并写明情况,悬挂死者衣服、用品,做出标志揭示出来,等待其家属前来认领。这是怜惜死者,也是维护社会环境清洁的善举,以后历代也经常出现。

比起先秦时期,掩骼埋胔在汉代就有些具体事例了。东汉桓帝在建和三年(149年)下了一道诏令:因灾患连年,京师地区"死者相枕",决定予以收葬,每具尸骸给三千钱,丧主三匹布。对无亲属的死者,给官地埋葬,写上姓名,设礼祭奠。这要算是汉朝政治走下坡路时期的一则重要的诏令,也可说是"仁政"的一次闪光吧!

三国时会稽人夏方，家遭时疫，父母伯叔及族人陆续死亡达十三人，他从十四岁起，不断地负土作冢，坚持了十七年，将他们一一安葬完毕。他的行为既是孝义，也具有掩骼埋胔的性质。

唐代有两件掩骼埋胔的善举比较突出：一是唐太宗时，杨三安妻李氏的公婆和丈夫先后亡故。她辛劳数年，为之安葬。同时连夫家的叔侄兄弟一共七丧，她都一一妥善料理。此事得到天子的赞扬褒奖，并加以抚恤。二是唐德宗时，刘昌曾到平凉劫盟事件的发生地，收集阵亡将士尸骨掩埋，并报告朝廷。皇帝于是下诏，命制衣百套，并准备棺木，将阵亡将士安葬在浅水源（今陕西长武）边，建造两个大冢，撰写墓志，举行祭奠。这是军事史上颇有规模的一次掩骼埋胔的善举。

宋代比较有名的类似善举也有两件：一件是贾黄中，任滕州通判时，对乡里十五起遭丧而未安葬者一一帮助安葬。另一件是经学家石介，居父母之丧，躬耕于徂徕山下，其间陆续安葬在族中五世未葬者，达七十丧之多。

元代设置专官管理掩骼埋胔之事，规定凡发现饥荒饿死或流徙在外而暴死无亲属认收者，应向有司报告，经过查验，交给当地主事者或邻里加以收葬。明代作家唐顺之曾作《瘗河壖枯骨志》，自述他与弟弟和友人褚生收葬河边亡人枯骨之事始末，在当时颇有教化世道人心的作用。

义 丧 义 葬

义丧义葬风俗主要从东汉兴起,是这个历史时期的一个优良风尚。它既是丧葬的礼俗之一,也是社会重视节义之举。所谓义丧义葬,就是与死者没有亲缘关系的人,为死者临丧举哀、料理丧事乃至服丧守墓。一种是基于师徒、僚友的关系;一种是政治上冒死为冤死者临吊持哀,表现壮烈的行动。

最初,有西汉洨人孔车义葬主父偃。西汉末年扬雄死后,有侯邑为他起坟茔,服丧三年。东汉此类事日见增多,如经学学者夏侯胜之丧,曾经师事他的皇太后为之素服五日。这一时期比较突出的,多半是一些著名经学家之丧,其师、友、门生为之赴丧、治丧、守墓等,这些都是尊师重道风气的产物。还有一些人资助僚友丧葬并主葬、守服,也有不少感人事迹。

更值得称道的一件事是,东汉李固、杜乔被梁冀杀害、暴尸,又禁止人们去临吊、殡葬,而他们的门人、故吏郭亮、董班、杨匡等,分别冒死赴吊,或为之襚敛,送柩归葬,终于使最高统治者改变禁令,并"嘉其义烈"。这实际上是一场成功的政治斗争,其意义更在义丧义葬之上。再如胡腾为窦武、桓典为王吉、赵戬为王允的义丧义葬,都具有这种性质。直到南朝,还不时出现类似的事例。

义丧义葬在唐代有不少感人事迹,这与唐代兴盛时期社会风气淳厚有关。唐初,杜审言和崔融、李峤、苏味道号称"文

章四友"。崔融之丧,杜审言为他服缌麻。大诗人李白曾和蜀中友人吴指南同游楚地,吴氏死于洞庭湖边,李白把他当作天伦之亲,为之服丧,恸哭不已乃至泣血,在炎热的夏天守尸,"猛虎临前,亦坚守不动",并将其先葬在洞庭湖畔。几年后,李白从金陵回到洞庭湖,亲手清洗骸骨,又背负着徒步送往鄂城安葬。韩愈为诗人孟郊丧葬进行救济和操持,召友会葬。更为壮烈的是唐代王方翼,他的好友赵持满因犯罪暴尸,他冒死为赵殓殡安葬,并声称如果"绝友之义,蔽主之仁,何以事君?"将自己的行动视为像西汉栾布哭祭彭越、周代掩骼埋胔的仁义之举,后来得到高宗的嘉奖。此外,还有李纲义葬周齐王李宪、殷亮义葬来瑱,都是在被受刑处死者的故吏门客四散的情形下,挺身而出为之义葬的。

明代巡抚孙仁和蜀王府的宋昌先后为宋景濂迁葬和安葬,受到人们的赞誉。经学家陈献章、王阳明之丧,都有门下弟子为之服丧、守墓,有的甚至服斩衰或守墓三年。

八　祭祀礼俗：
敬畏与祈福

　　孔子感慨说："礼云礼云，玉帛云乎哉？"(《论语·阳货》)意思是说，礼仪活动，难道只是那些看得见、摸得着的礼品吗？孔子认为人们在进行礼仪活动时，内心还应该有真实感情，对人之所以为人的内核有真正的感受或觉悟。孔子将这种内在真实的感情、感受等叫作"仁"。在孔子看来，在各种礼仪活动中，礼品、礼仪等，都是形式上的东西，真正重要的是礼仪所蕴涵的礼仪精神，是参礼者以及观礼者内心真实的感受。

祭 天

在中国古代社会，人们是十分看重祭礼的，而祭天，则是祭礼中最重要的一种。当然，在古代社会，只有天子才有资格祭天。以农业为主的古代社会，不违天时，效法天道，是一切人事的根本原则，无论是治国理事、制礼作乐、教化民众、耕作生产、文艺创作、养生健身等，概莫能外。也就是说，人道应当效法天道，遵循天道，尤其是帝王更应以天为则。孔子赞扬尧之伟大，首先就是因为尧遵循天道、效法天道。所以，在祭天礼中也包含了人类，特别是人君效法天道、遵循天道的意思在内。中国传统文化中理想的圣人、帝王、君子都应当是"德侔天地"的。所谓"圣人之道，同诸天地"《春秋繁露·基义》，"德侔天地者，称皇帝"（《春秋繁露·三代改制质文》）。

祭天礼中包含有丰富的文化内涵，还有传统的报本思想。中国传统文化认为，万物包括人类在内都是天地所生，天生地养，这是中国先民最朴素的生命观。所以，对于万物中唯一懂得礼义的人类来讲，应当尊敬天地，不忘这"生之本"。祭天礼即是通过隆重礼仪形式来表达这种"反始""报本"的思想。

商、周都以"帝"（也称上帝）作为最高的人格神，西周开始又以"天"为至高神，合称"昊天上帝"。同时对日月星辰也加以祭祀。《周礼·春官》写有"以吉礼事邦国之鬼神祇……以禋、冬享先王"一段，简要概括了当时的祭祀框架：天神是昊天上帝、日月星辰和司中、司命、风师、雨师,祭法是烧柴升烟,内加牺牲、玉帛或酒醴。

周代祭天的正祭是每年冬至之日在国都南郊圜丘举行的。"圜丘祀天"与"方丘祭地",都在郊外,所以也称为"郊祀"。圜丘是一座圆形的祭坛,古人认为天圆地方,圆形正是天的形象,"圜"同"圆"。祭祀之前,天子与百官都要斋戒并省视献神的牺牲和祭器。祭祀之日,天子率百官清早来到郊外。天子身穿大裘,内着衮服(饰有日、月、星辰及山、龙等纹饰图案的礼服),头戴前后垂有十二旒的冕,腰间插大圭,手持镇圭,面向西方立于圜丘东南侧。这时鼓乐齐鸣,报知天帝降临享祭。接着天子牵着献给天帝的牺牲,把它宰杀。这些牺牲随同玉璧、玉圭、缯帛等祭品被放在柴垛上,由天子点燃积柴,让烟火高高地升腾于天,使天帝嗅到气味,这就是燔燎,也叫"禋祀"。随后在乐声中迎接"尸"登上圜丘。尸由活人扮饰,作为天帝的化身,代表天帝接受祭享。尸就座,面前陈放着玉璧、鼎、簋等各种盛放着祭品的礼器。这时先向尸献牺牲的鲜血,再依次进献五种不同质量的酒,称作"五齐"。前两次献酒后要进献全牲、大羹(肉汁)、铏羹(加盐的菜汁)等。第四次献酒后,进献黍稷饮食。荐献后,尸用三种酒答谢祭献者,称为"酢"。饮毕,天子与舞队同舞《云门》之舞,相传那是黄帝时的乐舞。最后,祭祀者还要分享祭祀所用的酒醴,由尸赐福于天子等,称为"嘏",后世也叫"饮福"。天子还把祭祀用的牲肉赠给宗室臣下,称"赐胙"。后代的祭天礼多依周礼制定,但以神主或神位牌代替了尸。

秦汉的祭祀礼俗,比先秦时代有不少变化。首先是所祭的神祇有继承,有变异。秦人僻处西土,以西方少昊为最高

神,立西畤,祀白帝,逐渐建立四畤。西汉兴起,因刘邦发迹而流传赤帝子斩白帝子的神话,就在秦四畤之上立赤帝而成五畤,也就是凑成五方色——中央黄、东青、西白、南赤、北黑之帝,称五方帝,简称"五帝"。从此在天帝之下,有五方帝,这也是一个变化。

汉高祖祭祀天地都由祠官负责。武帝初,行三年一郊之礼,即第一年祭天,第二年祭地,第三年祭五畤(五方帝),每三年轮一遍。成帝建始元年(公元前32年)在长安城外昆明故渠之南建圜丘。翌年春正月上辛日(第一个辛日)祭天,同祭五方帝。这是汉代南郊祭天之始。东汉在洛阳城南建圜丘,坛分上下两层,上层为天地之位,下层分设五帝之位,坛外有两重围墙,叫作"壝"。

五胡侵扰中原之后,华夏文明受到了一定程度的冲击,郊祀制度也受到一些影响。中国北方一些少数民族建立的政权,其祭天虽采汉制,但常有民族传统礼仪掺入。南朝梁时南北郊祭天地社稷、宗庙,都不用牺牲,而用果蔬。北齐开始,在圜丘坛外建造屋宇,作为更衣、憩息之所。旧制全用临时性的帷帐,南齐武帝永明二年(483年)始用瓦屋。

唐代祭天礼除了延续前代礼仪之外,皇后也开始参加,显示了唐代女性地位的提高。宋代圜丘合祀天地后,要在皇城门楼上举行特赦仪式,赦免囚徒;改日,要到景灵宫祖宗神像前行"恭谢",皇帝祭天时穿着的礼服为衮冕。

明太祖洪武十年(1377年),改变圜丘礼制,定每年孟春正月合祀天地于南郊,建大祀殿,以圜形大屋覆盖祭坛。明成祖迁都北京后,在正阳门南按南京规制营建大祀殿,于永乐十八年(1420年)建成,合祀天地。嘉靖九年(1530年),世宗改变天地合祀制度,在大祀殿之南另建圜丘。至此,祭天典礼已发展至最完善时期。

1913年冬至,时任中华民国大总统的袁世凯在北京天坛举行祭天仪式,这是中国最后一次祭天仪式。此后随着袁世凯称帝失败,祭天被视为"封建帝制"的产物而被终止。

封禅郊祀

封禅是古代帝王于泰山上祭告天地的仪式,是国家政治生活中重要的祭天大典,是古代帝王在泰山举行的一种规模宏大的祭天活动。"封"指在泰山上筑土为坛以祭天,报天之功;"禅"指在泰山下小山梁父山等处上除地,报地之功。《史记·封禅书》有:"自古受命帝王,曷尝不封禅?"指出帝王受命于天,因此必须要进行封禅。封禅的意义不仅在于"始受命之时,改制应天"(《白虎通义·封禅》),而且在于"奉天承运",皇帝是否有统治百姓的"天命"。秦汉时代人们认为封禅是神圣的大典,《史记·太史公自序》中记载了司马迁的父亲太史令司马谈就因不得参与封禅盛典,抑郁而终,临终前握着司马迁的手泣叹道:"现在天子继承汉朝千年一统的大业,在泰山举行封禅典礼,而我不能随行,这是命啊,是命啊!"其痛心疾首、无限悔恨之状,告诉我们,封禅礼在秦汉人心目中具有极其崇高之地位和意义。

"封禅"是古代特别隆重而又难得举行的祭祀天地的大

典,只有改朝易代或帝王自认为世治国盛之时才有可能举行。古代帝王举办封禅大典的意义在于利用人们对于天地的崇拜,以"天命转移"来解释王权的合理性,从而安定民心,巩固统治地位。

由于这一隆重的典礼要耗费巨大的人力物力,所以,历史上行封禅之礼的帝王屈指可数,有确凿史料记载的封禅帝王只有秦始皇、汉武帝、光武帝、唐玄宗、宋真宗等人。历史上汉武帝的封禅礼仪前承秦始皇,后启东汉光武帝、唐高宗、唐玄宗、宋真宗等帝王,比较有代表性。

汉武帝到梁父山祭地,在泰山下东方,用"郊祠太一之礼",设坛祭天。祭天时设方一丈二尺、高九尺的坛,下埋"玉牒书"。礼毕,汉武帝与少数大臣登上泰山顶,再次祭天。第二日,从北山坡下,在泰山下的肃然山再次祭地,用"祠后土

泰山

礼"。祭时用江淮一带所产的一茅三脊草,外加各地珍贵的飞禽走兽,并以五种不同色的土堆在一起。在乐曲声中,汉武帝身穿黄色衣服,跪拜行礼。封禅礼仪完毕,武帝下诏改元为"元封",并命令以后五年一修封,令诸侯在泰山下"治邸"。至此,封禅大礼已发展完备,形成定制。以后封禅的帝王基本沿袭此制。除泰山以外,历史上只有武则天于天册万岁二年(696年)登封嵩山,禅于少室。

《汉书·郊祀志下》说:"泰山五年一修封,武帝凡五修封。"但是由于封禅兴师动众,耗资巨大,一些有见识的官吏提出了反对意见,如唐朝魏征。自南宋以后,废止了皇帝到泰山封禅的形式,而将封禅与郊祀合二为一。

郊祀也是古代祭天地的祭礼。周代的祭天大典在都城南郊举行,故称作"郊"。《礼记·郊特牲》曰:"兆于南郊,就阳位也。""于郊,故谓之郊。"在那里,设有圆形祭坛,以象征天。祭祀之日,天子率百官清早来到南郊。天子腰插大圭,手持镇圭,面向西方,立于圆丘东南侧。此时鼓乐齐鸣,报知天帝降临享祭。天子遂牵牺牲并杀之,随后,牺牲、璧、圭等被置于柴垛,由天子点燃并使烟火上升以闻于上帝。

周代是在冬至日祭天于南郊,夏至日祭地于北郊,后代常常天地合祭,宋代就是在南郊合祭天地。明代永乐十八年(1420年),明成祖在北京南郊建筑大祀殿,合祭天地。嘉靖皇帝认为合祭天地于大祀殿不合古制,故又在大祀殿南新筑寰丘(后改名为天坛)专门祭天;在北郊建方泽坛(后改名为地坛)用来祭地。之后就一直是天地分祭了。

社 稷 祭

　　社稷是"太社"与"太稷"的合称,社神即土地之神,稷神即五谷之神,两者是农业社会最重要的根基。关于"社",《说文》曰:"社,地主也。"《礼记·郊特牲》曰:"社,所以神地之道也。地载万物,天垂象,取材于地,取法于天,是以尊天亲地也。故教民美报焉。"这段话表明在古人看来祭社神是把地之道作为神灵。大地承载孕育万物,天上有日月星辰。人们从地上获取各种生活必需品,从天上获取自然的法则。因此,人们尊敬上天而亲近大地。所以,祭社神是教育百姓要感恩于大地的馈赠。

　　社稷之祭即祭土、谷之神,《白虎通义·社稷篇》载:"王者所以有社稷何?为天下求福报功;人非土不立,非谷不食。土地广博,不可遍敬也;五谷众多,不可一一祭也。故封土立社,示有土尊;稷,五谷之长,故立稷而祭之也。"这段话是说,帝王诸侯为什么要祭祀社神与稷神?是要为天下求福。没有土地人们在哪生存?没有谷物人们吃什么?土地太广袤了,谷物种类也太多了,祭祀不过来,所以就选择了社神和稷神作为代表,祭祀他们以表示虔敬。

　　作为以农耕为主的民族,古人把土地、食物看作是最重要的东西。古人认为要靠神灵庇佑才能保证土地肥沃,粮食丰收,所以就要按时祭祀神灵,以保五谷丰登。古代都有君王,一国之首，做什么事儿都得起表率作用，祭祀这种大事更率先垂范。古代帝王、诸侯祭祀的土神和谷神，就称为"社稷"。社稷从对原初崇拜的土地转变为国土、江山的象征。对帝王而言，祭祀社稷之神对维护君主四海之尊的地位具有重要的意义。

社稷祭的场所称为社稷坛，与宗庙同为国家重要的礼制建筑，历代帝王建国之初，都必按照"右社稷而左宗庙"的古礼原则建造本王朝的社稷与宗庙。周代开始社稷坛按礼仪要用五色土铺垫。土色随其方位，东青，南赤，西白，北黑，中黄，以象征五方。现存北京中山公园的"五色土"的太平坛，便是明代永乐年间所筑的社稷坛。

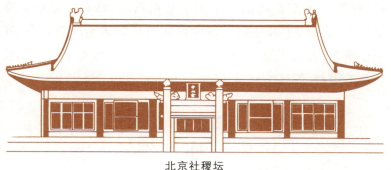

北京社稷坛

不过，社稷祭并不是君王的专权。《礼记·祭法》载有天子为天下百姓所立的社，叫"大社"。天子为自己立的社，叫"王社"。诸侯为国内百姓所立的社，叫"国社"；诸侯为自己立的社，叫"侯社"。大夫以下不自立社，而与同里之民共立一社，叫"置社"。这里君王建立的太社，也就是前面所说的"五色土"。上古时期，诸侯在接受君王分封时，会依据封地所在的

位置,接受君王赏赐的祭坛上的一抔色土,并将此土置于自己的国社的社稷坛中。当然,诸侯王的社稷坛就不能使用"五色土"了。民间以祭祀活动为中心形成的社会组织,也称为"社"。立社时不仅要封土为坛,还要种植适合当地土壤的树木,这些树也是社的标志。也有人认为,社是中国古代各村落最神圣的集体祭祀场所,每建村落必先立社。建村时,将村落附近森林茂密的土地划为社林,在社林中,又选出一棵大树作为社木,在此树下设一方形祭坛,其中竖一白色石柱或白色圆石表示社神,社祭即祭此石。

民间建社时多以村为单位祭祀。到社祭之日,几乎全社人都停止工作,参加祭祀活动。这天还有专门准备的社饭、社糕、社饼。人们在社坛附近聚会祭祀以后,就在一起欢歌畅饮,吹箫击鼓,十分热闹。这种民间的社祭活动源于先秦,发展于秦汉,普及于唐宋,到了元代由于统治阶级对于民间结社集会的钳制,便逐渐衰落了。

宗　庙　祭

古代宗庙又称太庙,是帝王供奉和祭祀祖先的场所。封建帝王认为君权是由天神交授、承袭祖先获得的,因此将家、国视为一体,从而把宗庙当作国家的象征。帝王营建宫室,按照左宗右社的制度在宫室前面营建宗庙。今天的北京故宫就可以展现明清时期的规制:皇宫的左边是宗庙,右边是社稷坛。国家如有大事，则必告于宗庙以示尊敬。帝王登基之时，也要先在宗庙举行拜祖先、会群臣、受印玺的典礼。

太庙

正因为如此，祭祀尤其是祭祖便成为社会礼俗的重要组成部分。同时，祭礼也主要保存在宗庙祭祀仪式中。现简要介绍《仪礼·特牲馈食礼》记载的仪节如下：

祭前的准备。有筮日、筮尸、宿尸、宿宾，即卜筮选定日期，选定为"尸"者（即受祭祖先的孙子为代表祖神的人）和约请宾客（宗族中人）。再就是准备和清洗祭器和牺牲，陈设祭礼，安排席位。

举行祭礼。有迎"尸"，"九饭"即三次献三饭（吃三次）；有尸酢主人，祝官代神对主人说吉语；接着主人、主妇和宾先后三次向"尸"献酒食，然后主人向宾和兄弟们敬酒，传家的"嗣子"还要专门向"尸"献酒，而后是"旅酬"，即众人依次敬酒、饮酒。

祭后。送"尸"出大门，送给他装在器皿里的整块牲肉叫"俎"。嗣子和众兄弟吃祭祀剩下的酒食叫"馂"，表示能得到神赐的福，他们回敬主人，最后，宾出大门，祭礼告成。

这套仪节，特异之处是设立"尸"，尸代表祖先而又是生

人,便有一系列与人互相献酒、饮食的活动,祭礼就如同宴请宾客;其次是男女主人共同参与祭礼、三献,当时宗法规定,主妇称为宗妇而有法定地位;再次是"旅酬"一节,众兄弟等一同欢宴,密切宗亲感情。

宗庙祭祀的内容有很多。有每月初一举行的"月祭",因为祭礼上是用新鲜五谷及季节性时新食物奉祀祖先,故又称为"荐新";又分春、夏、秋、冬的"四时之祭",贡品为三牲及黍稷,又称"时享";还有每三年举行一次的"祫祭"以及每五年举行一次的"禘祭"。祫祭和禘祭都是汇合祭祀宗庙礼全部祖先神主的大祭,仅限于天子和诸侯才有权举行如此隆重的祭礼。

对于天子诸侯而言,这些祭祀活动都有一套繁琐的仪式,一般要由精通礼仪的"傧相"来担任赞礼和司仪工作。其中卿、大夫担任赞礼工作的叫"大相",士担任赞礼工作的叫"小相"。汉代以后,上述宗庙祭祀在具体时间、贡品内容、神主多寡上都有所变化。但荐新、时享、祫祭和禘祭这些重要的宗庙祭祀名目和基本礼仪一直沿袭到清代。

秦代以前,只有士、大夫以上等级身份的人才允许建立宗庙,而且有"天子七庙,诸侯五庙,大夫三庙,士二庙"的严格规定,庶人百姓不允许建立宗庙,祭祖只能在家中举行,祭祀对象也只限于父亲。秦汉以后渐渐有所宽松,祭祀对象推及祖父、曾祖,乃至四代以上,只是仍不许立庙,只能在家中敬设牌位。

根据《礼记·祭法》的记载,古人认为普天之下只有一个天子,于是分九州之地,建诸侯之国,为公卿设都,为大夫置社,还普遍设立庙来祭祀祖先,并按照关系的远近来决定祭祀的次数和规格。所以天子设立七庙:即父庙、祖父庙、曾祖庙、高祖庙、始祖庙,以上五庙皆每月祭祀一次;高祖以上的远祖之庙叫作祧,天子有两个祧,只是每季祭祀一次。诸侯设立五庙:即父庙、祖父庙、曾祖庙,以上三庙每月祭祀一次;其高祖庙、始祖庙,每季祭祀一次。大夫设立三庙二坛:即父庙、祖父庙、曾祖庙,此三庙每季祭祀一次;大夫的高祖、始祖无庙,如果有事向他们祈祷,就在坛上祭之,从坛上迁出的远祖叫作鬼。嫡士设立二庙一坛:即父庙、祖父庙,此二庙每季祭祀一次;其曾祖无庙,如果有事向曾祖祈祷,就在坛上祭之。官师只立一庙,即父庙;其祖父无庙,如果要祭,就在父庙祭之。普通的士和庶人没有资格立庙。

祓禊祭

从周代开始,人们便在每年三月三这天,成群结队到郊外水滨举行洗除污垢、除灾去凶的仪式,人们称这一风俗仪式为"祓禊",又称"祓除""修禊""祓灾"。古时以"干支"记日,一般会在三月的第一个"巳"日举行"祓禊"活动,后来逐渐改为三月初三举行,因此被称为"上巳节"。据记载,春秋时期三月三的上巳节已流行。

汉代以后,上巳节水边祓禊活动非常盛行,人们怀着一种消灾除祸的虔诚心理进行祓禊活动,《汉书·外戚列传》记载:"帝祓霸上,还过平阳主。"到了魏晋时期,上巳节的娱乐性增强,人们对祓禊活动也不再像原先那样保持一种神圣庄重的

礼俗风尚——文明的光辉

态度,在暮春时节的上巳节,人们盛装出游,在水边嬉戏,有的富贵人家还在水边搭起帷幔,供休息使用。晋陆翙的《邺中记》记载,石虎在三月三日举行临水会,当时公主、妃嫔、大家闺秀无不毕出,临水施帐幔,车服粲烂,走马步射,饮宴终日。从魏晋开始,"曲水流觞"也成为祓禊祭的重要形式。三月三这天,人们往往要求亲友于环曲水流旁,置酒杯于上游,任其随流而下,停在谁的面前谁就取杯饮酒。王羲之的《兰亭序》所记载的就是这种宴饮游乐的盛况。

曲水流觞

唐宋时期，人们仍然有在上巳节进行水边祓禊的习俗。《旧唐书·中宗本纪》载："（景龙四年）三月甲寅,幸临渭亭修禊饮,赐群官柳棬以辟恶。"宋之问的《三月三日奉使凉宫雨中禊饮序》曰："三月上巳,有祓除禊饮者,成俗久矣。"可见直到唐宋,上巳日水边祓禊的习俗仍盛行不衰。唐宋以后,随着上巳节的衰落,上巳节的"祓禊"习俗也不再盛行。

腊　　祭

腊祭是我国古代重要的冬日祭祀,是为庆祝农业丰收,并为来年的农业生产祈祷求福的祭典。腊祭是为了报答众位农神对农业丰收的功劳和贡献。腊祭的对象是与农业生产密切相关的神,据称主要有八种。其中祭祀农神,主要是对农业始祖神农氏的崇拜与纪念。祭祀物神"百种",是报谢其给人类提供丰富的衣食来源。祭农官田畯神,是感谢其督促和领导农业生产的功劳。祭猫神、虎神,则是答谢他们捕杀田鼠、野猪等农田祸害而保护庄稼的功劳。当然还有日月星辰诸神,其主管阳光雨露,是农作物丰收所依靠的天时基础。祭祀土地神则是因其农作物生长所依赖的地利基础。当然,古人认为祖先灵魂也在暗中保佑子孙使农业丰收,因此,先祖也在腊祭众神之列。

腊祭一般要用捕获的动物献祭,因此,周代称之为"猎祭",因为跟肉品有关故写作"腊祭",到汉代正式定名为"腊

祭"。佛教传入后,由于腊祭日与佛祖释迦牟尼成道日相吻合,于是佛教中献粥供佛的习俗与腊祭礼俗相融合,逐渐演变成为农历腊月初八这天"熬腊八粥"的民俗,并一直流传至今。

《礼记·郊特牲》记载:"天子大腊八,伊耆氏始为腊,腊也者,索也。岁十二月,合聚万物而索飨之也。"腊祭八种均与农事相关联的神,传说始自尧帝。每年农历十二月农事已毕,是闲藏之月,万物各已归根复命,因而求索众神而享祭之,以保来年之丰收。因此,腊祭时允许人们饮食醉饱,纵其酣畅为乐。因为农民各自分散终岁勤作,难以相聚交往。但作为一个群体也需要有团聚的时机与欢宴的场合,达到放松身心、结交新友与故知以及提升共同体的归属感的目的。孔子将此称为"一张一弛,文武之道",是十分有道理的。

祭　　灶

祭灶是一项在我国民间影响很大、流传极广的习俗。灶神在民间又称为"灶君""灶王""灶王爷",是人们信奉的资格最老的神祇之一。早在夏代,他已经是民间所尊奉的一位大神了。据《礼记·礼器》孔颖达疏:"颛顼氏有子曰黎,为祝融,祀为灶神。"在原始社会群居的生活中,那一堆不熄灭的火堆便是他们的灶,因此火神和灶神是一致的。到了商周时期,灶神逐渐与火神分离,成为民间单独尊奉的一位大神。周代有"祭五祀"之说,即春季祀户,夏季祀灶,中央(夏秋之交)祀中堂,秋季祀门,冬季祀行。

不过在上古时代,灶神的地位并不是很高,对灶君的祭祀只是附属于腊祭的祭祀中。到汉代以后,其地位才逐渐提高,祭祀日期也由夏孟之腊日,发展为腊月二十三这一独立的灶日,这和汉武帝有一定的关系。

据《史记·孝武本纪》记载,西汉时有个叫李少君的人,以祠灶、谷道、却老方去见汉武帝,获得武帝的好感,武帝对他十分尊敬。一天,"李少君言于上曰:'祠灶则致物,致物而丹砂可化为黄金,黄金成以为饮食器则益寿,益寿而海中蓬莱仙者可见,见之以封禅则不死,黄帝是也。臣尝游海上,见安期生,食巨枣,大如瓜。安期生仙者,通蓬莱中,合则见人,不合则隐。'于是天子始亲祠灶,而遣方士入海求蓬莱安期生之属,而事化丹砂诸药齐为黄金矣"。这说明汉武帝对李少君所说的诚心祭灶可以使丹砂化为黄金,用这些黄金制造食具,用了可以使人长寿,可以见到蓬莱仙人,可以长生不死信以为真,从此开始诚心诚意地祭祀灶神。所以,汉代以后灶神的地位便大大地提高了。

到了唐代,灶神又被增加了一项督查人间过错、专向天帝"打小报告"的职责,成为家中的监护神。灶王爷自上一年的除夕以来就一直留在家中,以保护和监察一家;到了腊月二十三灶王爷便要升天,去向天上的玉皇大帝汇报这一家人的善行或恶行,送灶神的仪式称为"送灶"或"辞灶"。玉皇大帝根据灶王爷的汇报,再将这一家在新的一年中应该得到的吉凶祸福的命运交于灶王爷之手。因此,对一家人来说,灶王爷的汇报实在具有重大利害关系。灶神家家都有,是人们最甩不掉摆不脱的神,因为怕他上天告状,因而有关灶神的忌讳

最多。

　　送灶,多在黄昏入夜之时举行。一家人先到灶房,摆上桌子,向设在灶壁神龛中的灶王爷敬香,并供上用饴糖和面做成的糖瓜等。用饴糖供奉灶王爷,是让他老人家甜甜嘴。有的地方,还将糖涂在灶王爷(画像)的嘴四周,边涂边说:"好话多说,不好话别说。"这是用糖塞住灶王爷的嘴,让他别说坏话。人们用糖涂完灶王爷的嘴后,便将神像揭下点燃。有的地方则是晚上将供了一年的灶君像请出神龛,连同纸马和草料,点火焚烧。院子被火照得通明,此时一家人围着火叩头,边烧边祷告:"今年又到二十三,敬送灶君上西天。有壮马,有草料,一路顺风平安到。供的糖瓜甜又甜,请对玉皇进好言。"

送灶

灶王爷在每年腊月二十三（或二十四）"上天言好事，回宫降吉祥"。到了清朝，高宗乾隆皇帝十分重视这个习俗。《清朝野史大观·清宫遗闻》中说，乾隆一朝，每年腊月二十四晚上，祀灶神于坤宁宫。命人预先在正室的炕上设置鼓板和致祭的物品。晚饭后皇帝和皇后都到坤宁宫致祭，皇后先至，乾隆帝随后亦到，两人一同端坐在炕上。此时乾隆帝从炕桌上拿起一个木槌，亲自敲击鼓板，并高唱《访贤曲》，皇后亦在旁唱和，其他执事官员则恭站在周围肃静聆听。唱完以后，帝后一齐下炕，由乾隆帝将灶神像恭捧至火盆中焚化。帝后及其他随行官员跪送灶神升天后，才离开坤宁宫。乾隆在位六十年间，岁岁如此，从不间断。

灶王爷

送灶习俗在我国南北各地极为普遍，鲁迅先生在《送灶日漫笔》一文中说："灶君升天的那日，街上还卖着一种糖，有柑

子那么大小,在我们那里也有这东西,然而扁的,像一个厚厚的小烙饼。那就是所谓'胶牙饧'了。本意是在请灶君吃了,粘住他的牙,使他不能调嘴学舌,对玉帝说坏话。"

祭祀的社会意义

人类之初,自然界不可思议的力量和现象,使远古先民对自然天地产生了一种敬畏与崇拜,而灵魂不死的观念也使古人对于鬼神产生畏惧与崇敬。人们往往把吉凶祸福倚托于天地鬼神的力量,所以常要进行祈求保佑、表达崇敬的活动。祭祀对象在远古时代是极广的,从天地自然到精灵鬼魂,从远古祖先到动植物,都可以奉为祭祀的对象。

"国之大事,唯祀与戎。"古人认为祭祀活动和军事战争一样是国家头等大事。儒家认为:"凡治人之道,莫急于礼;礼有五经,莫重于祭。"(《礼记·祭统》)即家对于治国安邦而言,礼是最为要紧的大事,同时认为五礼之中,祭祀又是最为重要的。从先秦时期开始,祭礼从膜拜神灵的仪式提升为教化人们使其社会化的重要活动方式。《中庸》记载有"郊社之礼,所以事上帝也。宗庙之礼,所以祀乎其先也。明乎郊社之礼、禘尝之义,国其如示诸掌乎!"儒家认为祭祀的社会功能在于:冬至时在南郊举行的祭天的礼仪和夏至时在北郊举行的祭地的礼仪,是用来侍奉天神和后土的;在宗庙举行祭祀礼仪,是用来祭祀祖先的;明白了祭祀天地的礼仪,明白了天子在夏季和秋季举行的盛大祭祀礼仪的含义,要治理好国家就像把东西放在手掌上来看那么清楚明白。儒家认为祭祀对于培养社会成员的品德,加强社会成员之间的团结,维护宗法社会的稳定都有着非同寻常的意义,所以《论语》中孔子的弟子曾子说:"慎终追远,民德归厚矣。"

同时,祭祀具有普遍的道德教化功能,对于培养人们的道德意识不可或缺。而在古代社会中,这种社会道德意识主要是秩序意识、感恩意识。"夫祭有十伦焉:见事鬼神之道焉,见君臣之义焉,见父子之伦焉,见贵贱之等焉,见亲疏之杀焉,见爵赏之施焉,见夫妇之别焉,见政事之均焉,见长幼之序焉,见上下之际焉。"(《礼记·祭统》)这十类中除第一类外,其余均属于秩序意识的范围。它们都在祭祀的仪则中体现出来。祭祀起着维护社会秩序的重要作用。

通过祭祀活动提倡的感恩意识大体有三层含义:一是感谢父母与祖先的生养之恩;二是返古复始,不忘人与万物皆由天地所生,感谢天地生生之德;三是感谢师长的辛勤教诲。由此而有了这样三类祭祀活动:"祀乎明堂,所以教诸侯之孝也……祀先贤于西学,所以教诸侯之德也。耕藉,所以教诸侯之养也。(《礼记·祭义》)通过祭祀活动将感恩报德作为重要的道德意识来加以提倡,将我国古代的宗教祭祀区别于其他民族,从一定程度上塑造了中华民族重情义、知恩图报的民族性格。祭祀活动在我国几千年文化的演变之中,和后来儒家所倡导的孝道文化融为一体,密不可分。孝可以简单地理解为善事父母,而从深层意义上来说,孝更是一种伦理规范,一种处理宗族关系的方式,一种秩序的建立。祭祖表达的是对先人的思念与缅怀,它是维持宗族关系的一种很重要的方式,可以

说,祭祖正是这种宗族关系的一种反映,一个寄托。

祭祀活动也是对社会的集体价值观念的传承。"夫圣王之制祭祀也,法施于民则祀之,以死勤事则祀之,以劳定国则祀之,能御大灾则祀之,能捍大患则祀之。"(《礼记·祭法》)人们祭祀祖先,不只是祭祀自己的血缘祖先,更是要祭祀那些在文明发展史上做出了重大贡献的祖先们。如"法施于民",指国家治理有成的人;"以死勤事",指因公殉职的人;"以劳定国",指对于社会政治稳定做出了特殊贡献的人,等等。由于只有那些对国家、民族做出了重大贡献或者是受到了当时社会主要价值观念认可的人物死后才能成为祭祀对象,所以使得祭祀活动成为学习祭祀对象身上所承载的价值观念的过程,因为在祭祀活动中,作为历史人物的祭祀对象身上所凝结的集体价值观念必然或多或少地投射于祭祀者,感化祭祀者,由此而实现文化的传承。此外,人们不只祭祀那些生前"有功烈于民"的祖先,而且要祭祀那些能对人们生存、发展有利的自然物,如日月星辰、山林川谷等。帝喾、后稷有始祖的地位,后稷还有发展农业的功劳,文王、武王则有开国之功,在周人的祖先祭祀中他们被特别重视。凡是有利于人们生存和发展的人或物,凡是有利于文明的保持和传承的人或物,都可列入祭祀对象。这些祭祀对象的认定,主要体现的是价值观念,而不是神灵的作用。

祭祀活动对于构建社会和谐具有积极意义。古代祭祀中有祭祀天地、祭祀鬼神、祭祀先祖三类,但随着社会的发展,尤其是血缘宗法社会的发展,祖先崇拜最终压倒对天神以及动植物的崇拜。上古到周代开始,祭祀先祖就成为其中最为重要的祭祀。曾子所说的:"慎终追远,民德归厚矣。""慎终"指祭奠近祖的"凶礼","追远"指祭祀远祖的"吉礼"。在曾子看来,这两种礼的实施,有助于"民德归厚",培养社会成员的品德,加强社会成员之间的团结,维护宗法社会的稳定。祭祀活动在商周时期已经有文献记载,《诗经》的四十篇《颂》即是祭祀乐歌,它所反映的是人们最原始的一种祖先崇拜。重视祭祀祖先,是中国古代礼仪的显著特色。这是因为古人认为祭祀祖先具有良好的社会教化功能。就像《国语·楚语下》所说,政府、家庭、百姓都祭祀祖先,对于加强"兄弟亲戚""州乡朋友"等社会成员之间的和谐,可以起到积极的作用。

参考文献

[1] 丁广惠.中国传统礼俗考[M].哈尔滨:黑龙江教育出版社,2012.

[2] 刁统菊.婚嫁礼俗[M].北京:中国社会出版社,2011.

[3] 万建中.民间诞生礼俗[M].北京:中国社会出版社,2011.

[4] 王炜民.中国古代礼俗[M].北京:中国国际广播出版社,2010.

[5] 王贵民.礼俗史话[M].北京:社会科学文献出版社,2011.

[6] 中川中英.清俗纪闻[M].方克,孙玄龄,译.北京:中华书局,2006.

[7] 庄华峰.中国社会生活史[M].2版.合肥:中国科学技术大学出版社,2014.

[8] 杨树达.汉代婚丧礼俗考[M].上海:上海古籍出版社,2013.

[9] 顾希佳.礼仪与中国文化[M].北京:人民出版社,2001.

[10] 殷登国.中国人的礼俗[M].天津:百花文艺出版社,2011.

[11] 高忠严.礼俗之道:中国古代的风俗礼仪[M].太原:希望出版社,2012.

[12] 蓝吉富,刘增贵.中国人的精神生活与礼俗[M].合肥:黄山书社,2012.

后记

对美好生活的追求与向往,仿佛是中国人的文化基因,与生俱来。淳朴而智慧的中华民族,无论是面对生老病死,还是经历着天灾人祸,即使被生活一再辜负,他们依然对明天满怀期待。

勤劳而坚韧的中华民族,在面对生活时,从不消极等待上天的眷顾,也从不乞求别人的施舍。他们总是以日复一日的辛勤劳作、年复一年的春播秋种,采撷着片刻的幸福,始终坚信这细微的美好,可以勾勒出繁花似锦的生活美卷。

善良而从容的中华民族,在历史的长河中,不论是面对波澜壮阔的世事变迁,还是面对平淡如水的饮食起居,他们总是以一种乐观而淡定的心态,在生活中寻找到甜如甘饴的幸福滋味。

细细品味这些生活的智慧,对于今天习惯于快餐式阅读的我们,是一件别样的乐事。也常常想,如果可以邀志趣相投的三两好友同游共品,定是一件不凡的快事。

本书撰写过程中,得到了恩师安徽师范大学庄华峰教授的鼓励和支持。二十年,恩师在学术上的严谨与勤奋,给予我极大的启迪和鼓励,也是我在学术生涯中的鞭策;恩师在生活上的乐观与从容,教会了我以微笑去面对世界,也是我在品味历史时的心灵指引。本书撰写过程中,借鉴和参考了前辈们的研究成果,在此,一并表示感谢。

　　写作过程中,庄华峰教授为本书架构、内容设计都进行了指导,南京财经大学庄唯博士为本书配上了精美的插图,让历史知识更加形象、直观,富有趣味。中国科学技术大学出版社的编辑老师们为本书的校稿、出版付出了很多心血。我的先生蔡金平作为书稿的第一个读者,对初稿提出了很多建议,也为书稿的校对付出了诸多精力。在此谨向他们致以诚挚的谢意。

　　囿于本人的学识与水平,书中难免有不足之处,敬请方家指正。

马晓琼
2019 年 10 月